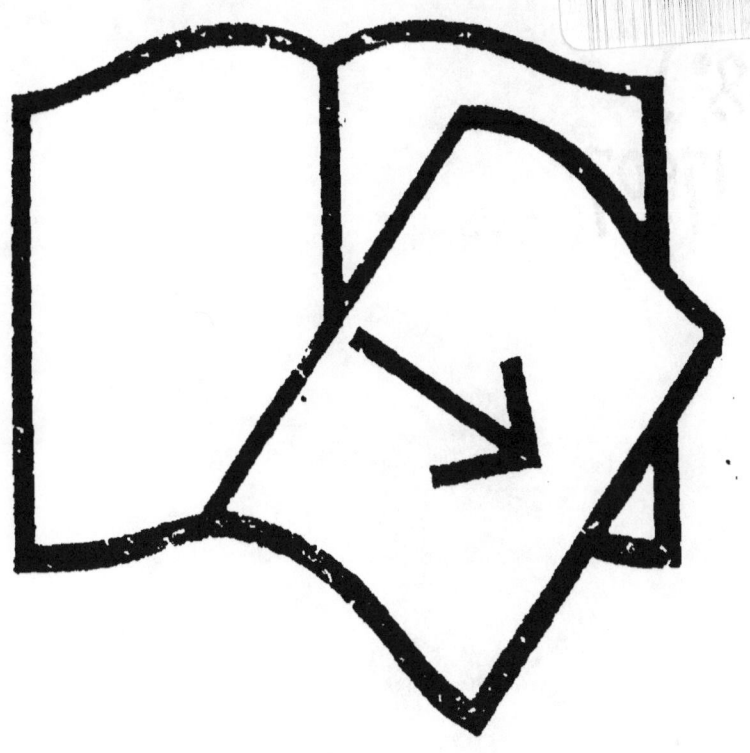

Couvertures supérieure et inférieure manquantes

8° Y² 17907

UN HÉRITAGE

CALMANN LÉVY, ÉDITEUR

OUVRAGES
DE
JULES SANDEAU
DE L'ACADÉMIE FRANÇAISE

Format grand in-18

CATHERINE	1 vol.
LE CHATEAU DE MONTSABREY	1 —
UN DÉBUT DANS LA MAGISTRATURE	1 —
UN HÉRITAGE	1 —
JEAN DE THOMMERAY	1 —
LE JOUR SANS LENDEMAIN	1 —
MADEMOISELLE DE KÉROUARE	1 —
LA MAISON DE PENARVAN	1 —
NOUVELLES	1 —
OLIVIER	1 —
SACS ET PARCHEMINS	1 —

THÉATRE

LA CHASSE AU ROMAN, comédie en trois actes.	1 50
LE GENDRE DE M. POIRIER, comédie en quatre actes.	2 »
JEAN DE THOMMERAY, comédie en cinq actes.	2 »
MADEMOISELLE DE LA SEIGLIÈRE, comédie en quatre actes.	2 »
LA MAISON DE PENARVAN, comédie en quatre actes.	2 »
MARCEL, drame en un acte.	1 50
LA PIERRE DE TOUCHE, comédie en cinq actes.	2 »

ÉMILE COLIN. — IMPRIMERIE DE LAGNY.

UN HÉRITAGE

PAR

JULES SANDEAU

DE L'ACADÉMIE FRANÇAISE

NOUVELLE ÉDITION

PARIS
CALMANN LÉVY, ÉDITEUR
ANCIENNE MAISON MICHEL LÉVY FRÈRES
3, RUE AUBER, 3
—
1889
Droits de reproduction et de traduction réservés

UN HÉRITAGE

I

C'était un grand jour pour maître Gottlieb Kauffmann, notaire de la petite ville de Muhlstadt. Le comte Sigismond d'Hildesheim venait de mourir, et il s'agissait d'ouvrir son testament devant toute sa famille assemblée.

Maître Gottlieb, dans une toilette irréprochable, attendait avec impatience l'heure fixée par lui pour cette réunion imposante. Les parents du défunt devaient arriver à midi; neuf heures sonnaient à l'horloge de l'église voisine, et cependant maître Gottlieb ne tenait pas en place; il allait de son cabinet à son étude, de son étude à son salon, grondant ses clercs en manière de passe-temps. Plusieurs clients, qui avaient pris rendez-vous avec lui pour l'entretenir de leurs intérêts, s'étaient présentés le matin ; il les avait impitoyablement renvoyés. Une seule pensée occupait son esprit et remplissait son cœur d'un légitime orgueil : c'était lui, maître Gottlieb, qui avait été choisi par le comte Sigismond d'Hildesheim, lui qui avait reçu le dépôt sacré de ses dernières volontés.

Maître Gottlieb avait cinquante ans, l'œil brillant, la bouche épanouie, le nez retroussé, les joues pleines et rebondies ; dame nature, en le créant dans un moment de joyeuse humeur, avait oublié de lui donner le masque de son emploi, la physionomie de son rôle. Quoique gros et court, il était pétulant comme un écureuil. Ses cheveux gris, ramassés sur la nuque et s'allongeant en queue de rat, ajoutaient encore au pittoresque de l'ensemble ; à chacun de ses mouvements, sa queue frétillait d'une oreille à l'autre et manquait rarement d'égayer l'auditoire, tandis que maître Gottlieb lisait d'une voix paterne un acte qui aurait dû être écouté dans un religieux silence. Enfin, le digne homme aimait à boire sec, et chantait volontiers après boire. Au milieu de ces délassements, ses lèvres avaient contracté l'habitude d'un sourire ineffaçable, qui, pendant la lecture d'un testament, pouvait devenir un sérieux embarras. Jamais notaire plus gai ne se rencontra sous le ciel. Qui le croirait, pourtant? maître Gottlieb avait des ennemis. Les notaires n'étaient pas rares à Muhlstadt; tous convoitaient la clientèle du château d'Hildesheim. La mort du comte laissait le champ libre à toutes les ambitions; aussi maître Gottlieb n'avait-il rien négligé pour conserver le plus riche diamant de son écrin, le plus beau fleuron de sa couronne.

Les fauteuils du salon, dépouillés, dès la veille, de la housse qui les protégeait contre l'espièglerie des mouches, étaient rangés en cercle autour d'une table recouverte d'un vieux tapis de velours écarlate ; près de cette table, un fauteuil, placé sur une estrade improvisée, semblait dominer l'assemblée absente. De temps en temps, maître Gottlieb allait s'asseoir sur ce trône d'un jour, et là, seul, sans témoins, il étudiait ses gestes, son attitude, et contemplait avec anxiété son image dans une glace. Il essayait de concilier sur sa physionomie, habituellement joviale, l'expression du regret et de l'obséquiosité; il voulait que son visage, tout en pleurant le mort, fît aux survivants des offres de service. Moins pour se conformer aux règles de l'étiquette que pour corriger la gaillardise instinctive de son regard, il était vêtu de noir des pieds à la tête ; il avait même poussé le respect jusqu'à remplacer les boucles d'argent de ses souliers par des boucles d'acier bruni. Ce n'est pas tout. Pour flatter les héritiers, dont il voulait obtenir la clientèle, il avait préparé, dans la salle voisine, une élégante collation ; sur la nappe, d'une blancheur éblouissante, étaient disposés avec coquetterie des fruits, des viandes froides et de vieux flacons revêtus d'une poussière séculaire. Rien n'avait coûté à maître Gottlieb pour honorer la mémoire et fêter dignement les héritiers du comte Sigismond.

Le comte Sigismond d'Hildesheim avait été toute sa vie ce qu'on appelle en Angleterre un humoriste, ce qu'en France nous appelons un original. Sterne, à coup sûr, l'eût aimé ; Hoffmann a dû le connaître. Non que le comte Sigismond fût une de ces natures bizarres qui ne sauraient dire un mot ni faire un pas comme personne, et qui, soit instinct, soit calcul, affichent à tout propos leur imperturbable excentricité ; c'était tout simplement un cœur tendre, un esprit rêveur, un de ces caractères doux et mélancoliques dont la naïveté à toute épreuve prend le nom de folie parmi les gens bien élevés. Il avait passé sans bruit sur la terre, il avait glissé comme une ombre.

Une passion unique devait décider de sa destinée tout entière. A l'université d'Heidelberg, étranger aux habitudes de son âge, il fuyait les plaisirs familiers aux étudiants, et n'avait goût qu'à la solitude. Au lieu de s'enfermer le soir dans une taverne pour fumer, boire de la bière, chanter des chansons patriotiques et remettre en question le sort de toutes les monarchies de l'Europe, il allait voir se coucher le soleil. Tous les jours, en toute saison, il sortait le soir de la ville, gagnait la colline prochaine; puis, quand il avait vu le soleil, tantôt vêtu de pourpre et d'or, tantôt couvert d'un manteau de brume, s'abîmer derrière l'horizon, il revenait à pas lents, prêtant l'oreille aux rumeurs confuses qui remplissent les champs à la tombée de la nuit. Telles étaient les fêtes, les distractions de sa jeunesse : j'en sais de plus coûteuses qui ne les valent pas.

Un soir, comme il rentrait, en traversant un faubourg, il entendit une voix douce et fraîche qui partait d'un rez-de-chaussée. On était au mois de mai ; la fenêtre, ouverte et garnie de fleurs, laissait arriver jusqu'à lui toutes les modulations d'une mélodie délicieuse. C'était un air simple et touchant, grave et triste comme tous les chants primitifs, un de ces airs empreints d'une ineffable mélancolie, dont l'auteur est demeuré inconnu, ou plutôt qui n'ont pas eu d'auteur : mélodies éternelles, premiers chants de la création qu'ont seules retenus les campages, et que disent d'une voix lente les laboureurs en creusant leurs sillons. Surpris et charmé, Sigismond s'arrêta : puis il plongea dans la chambre un regard avide et curieux. Une jeune fille était assise au clavecin. A la lueur d'une lampe, il distingua ses traits : elle était belle.

Dès lors Sigismond n'oublia jamais de s'arrêter devant cette fenêtre. J'en demande pardon au balcon de Juliette, mais le rez-de-chaussée fut de tout temps propice et cher aux amoureux. Tous les soirs, à la même heure, la jeune fille était à son clavecin, ou bien, assise auprès de la croisée, elle brodait à la lueur de la lampe. Caché dans l'ombre, Sigismond s'enivrait tour à tour du charme de sa voix et du charme de sa beauté. Par quelles ruses, par quels stratagèmes en vint-il insensiblement à s'introduire dans la place ? Il n'est pas besoin de le dire : chacun le devine aisément. Un rez-de-chaussée dans un faubourg, une jeune fille, un clavecin, des fleurs, une croisée toujours ouverte, un jeune homme qui passe et repasse, de tout cela on sait ce qu'il advient.

C'était un intérieur modeste, mais élégant dans sa pauvreté ; un goût pur et délicat se révélait dans les moindres choses. La jeune fille vivait seule avec sa mère; elles avaient connu des jours meilleurs. La guerre, en enlevant le chef de la famille, ne leur avait laissé qu'une pension assez chétive. Elles suppléaient au luxe par la bienveillance, à la richesse par la bonne grâce. Michaële n'avait que seize ans. Elle était belle, de cette beauté mystérieuse, apanage privilégié des êtres condamnés à mourir avant l'âge. Ses grand yeux bleus, ombragés de longs cils, brillaient d'un éclat singulier, rayonnement des âmes qui n'ont que peu de temps à passer sur la terre. La mère conservait encore cette élégance de manières qui survit à la beauté et prolonge la jeunesse au delà du terme marqué par les années. Sigismond était au berceau lorsqu'il avait perdu sa mère; son père, dur, sauvage et hautain, ne l'avait jamais attiré. Le jeune étudiant n'avait jamais goûté les joies du foyer domestique. La société de ces deux femmes lui offrait une famille et devait l'enlacer par mille liens invisibles auxquels il se laissa prendre. Michaële était jeune et belle. Sigismond était jeune et beau. Leur amour grandit librement sous l'œil vigilant d'une mère. Si le mystère est doux à la passion naissante, un regard bienveillant, un regard protecteur n'est pas moins doux assurément. Ils s'aimèrent et se promirent d'être l'un à l'autre. Dans leur mutuelle confiance, dans l'enivrement de leur bonheur, ces deux enfants ne prévoyaient pas d'obstacles à leur union. Ce que l'amour a surtout d'adorable, c'est qu'il n'a pas le sens commun.

Cependant la mère de Michaële, qui d'abord avait partagé toutes leurs espérances, ne pouvait se défendre d'une vague inquiétude en songeant que Sigismond appartenait à une famille dont la noblesse remontait à plusieurs générations. Sigismond s'efforçait vainement de la rassurer; elle dévorait ses pleurs pour ne pas alarmer sa fille. Ses craintes, hélas! n'étaient que trop fondées.

Quand Sigismond, en quittant l'université, parla de ses projets, il rencontra dans son père une résistance obstinée, insurmontable, et dut se résigner à les ajourner. Les passions contrariées sont les plus terribles : vouloir désunir deux cœurs sincèrement épris, c'est souffler sur le feu pour l'éteindre. Chaque fois qu'il avait devant lui quelques jours de liberté, Sigismond en profitait pour se rendre en toute hâte à Heidelberg. On pense quelles joies et quelles douleurs! Michaële ne se plaignait jamais, elle n'avait pour Sigismond que des sourires et de douces paroles; mais, de même qu'il y a des plantes dont les racines, de plus en plus profondes, font éclater le vase qui leur sert de prison, de même il y a des âmes silencieuses qui minent sourdement et brisent sans bruit leur enveloppe.

Le père de Sigismond mourut. Huit jours après les funérailles, le jeune comte accourait à Heidelberg. Quand il arriva, Michaële était déjà condamnée, condamnée sans retour, sans appel ; trois jours après, il recueillait son dernier soupir. Plus d'une fois, pendant ces trois journées remplies de si cruelles angoisses, la jeune mourante pria Sigismond de redire sur le clavecin la mélodie qui avait donné naissance à leur mutuelle passion. Tous deux aimaient cet air d'une affection enthousiaste. Souvent, en des jours plus heureux, ils l'avaient chanté ensemble, ils l'avaient chanté avec ivresse, avec bonheur, avec reconnaissance ; on eût dit qu'en le chantant ils voulaient remercier Dieu de les avoir rapprochés l'un de l'autre. C'était un air que Michaële, encore enfant, avait appris dans les montagnes du Tyrol, qui s'était gravé dans sa mémoire sans pouvoir jamais s'en effacer, et qu'elle avait retrouvé dix ans plus tard comme si elle l'eût entendu la veille. Lorsqu'elle mourut entre les bras de Sigismond, cette suave mélodie errait encore sur ses lèvres.

La douleur de Sigismond fut immense; pendant plusieurs semaines il s'abîma dans ses regrets; quand il sortit de son accablement, le monde entier lui parut désert. Il voulait emmener dans son château la mère de Michaële, et passer près d'elle le reste de sa vie à s'entretenir de l'ange que Dieu venait de rappeler à lui. La mère de Michaële s'y refusa obstinément. Ni larmes, ni prières ne purent vaincre sa résistance.

— Je veux mourir, dit-elle, là où j'ai vécu près de ma fille; je veux mourir où elle est morte.

Elle mourut peu de temps après; ce fut Sigismond qui lui ferma les yeux.

Ce dernier devoir accompli, il rentra au château d'Hildesheim, et vécut dans une retraite profonde, absolue, évitant avec soin tout ce qui aurait pu le distraire de sa douleur. S'il rencontrait sur sa route un gentilhomme du voisinage, il le saluait en silence et s'éloignait sans proférer une parole. Vainement les invitations lui arrivaient en foule de tous les châteaux des environs; vainement toutes les douairières qui avaient des filles ou des nièces à placer essayaient de l'attirer chez elles; sourd à toutes les avances, il s'enfermait dans son désespoir et ne voulait pas être consolé.

Enfin, quand les premiers transports furent un peu calmés, il essaya de recourir à l'unique soulagement que lui présentât sa pensée ; il voulut redire sur son clavecin l'air tyrolien que chantait Michaële le premier jour qu'il l'avait vue, qu'ils avaient chanté tant de fois ensemble, qu'elle murmurait encore à son heure suprême. Il lui semblait qu'en redisant cet air il réjouirait l'âme de sa bien-aimée, qu'il sentirait cette âme, doucement attirée, accourir et battre des ailes ; mais quand il fut au clavecin, ô surprise remplie d'épouvante ! il eut beau interroger sa mémoire, sa mémoire refusa de répondre. La mélodie s'était envolée avec l'âme de la jeune fille. A plusieurs reprises, il s'efforça de la ressaisir, d'abord avec impatience, puis avec colère, puis enfin avec rage ; inutiles efforts ! la douleur avait tout effacé.

Cette lutte acharnée et toujours impuissante devint une préoccupation, une obsession de tous les instants. Il partit pour le Tyrol ; sur la cime des montagnes, dans le creux des vallées, il prêta l'oreille aux chants des pâtres ; aucune voix ne redisait l'air qu'avait chanté Michaële. Après avoir parcouru la Suisse et l'Italie, il revint en Allemagne, et sa douce folie prit alors une forme nouvelle. Il voyageait à pied, comme un pauvre étudiant, et chaque fois qu'en traversant un village il entendait une voix jeune et fraîche, il s'arrêtait; dans les villes, sur les places publiques, quand il voyait la foule rangée en cercle autour d'une troupe de chanteurs ambulants, il se mêlait au groupe des curieux, et ne s'éloignait qu'après avoir écouté le répertoire entier de ces virtuoses en plein vent.

Tandis que le comte Sigismond s'acharnait à la poursuite de cette mélodie tyrolienne qui fuyait devant lui comme Ithaque devant Ulysse, il s'occupait bien rarement du soin de ses intérêts, on le comprendra sans peine. Avant de partir pour ses voyages, qui duraient déjà depuis plusieurs années, il avait recueilli et installé dans son château deux vieilles cousines de sa mère : Ulrique et Hedwig de Stolzenfels.

C'étaient deux vieilles filles qui avaient persisté courageusement dans le célibat, n'ayant jamais eu qu'une seule passion, un neveu, assez mauvais garnement, qui les avait ruinées et qu'elles n'adoraient pas moins, sans espoir de le convertir. Depuis quelque dix ans, le neveu Frédéric avait fait à la bourse des deux douairières de si fréquentes saignées, qu'elles n'avaient plus guère à lui offrir que leur affection. Pour lui, à son insu, elles avaient vendu diamants, dentelles et fourrures; il ne leur restait qu'un très-modique revenu dont elles vivaient à grand'peine, et Sigismond, en les recueillant, avait fait plutôt un acte de charité que de courtoisie.

Elles avaient accepté avec empressement l'offre de Sigismond, et croyaient d'abord ne trouver chez lui qu'un asile; mais en le voyant distrait, préoccupé, rêveur, ennemi de toutes les discussions qui touchaient aux réalités de la vie, elles comprirent tout le parti qu'elles pouvaient tirer d'un pareil caractère. Hautaines, acariâtres, n'ayant jamais fléchi jusque-là que devant les caprices de Frédéric, elles se firent humbles et douces pour Sigismond; sous prétexte de veiller à ses intérêts, elles s'emparèrent peu à peu de toute l'administration de sa maison. Pour lui laisser, disaient-elles, plus de loisirs, plus de liberté, elles s'offrirent à compter avec son intendant, avec ses fermiers, si bien qu'au bout de quelques semaines, elles avaient l'air de lui donner l'hospitalité.

Le comte Sigismond à peine parti, Frédéric, en garnison dans une ville voisine, était venu au château, et avait débuté par disposer de tout, comme il eût fait de son patrimoine. Les chevaux, les meutes, les piqueurs, il mettait tout en réquisition et commandait en maître. Les serviteurs, habitués à recevoir les ordres des deux vieilles demoiselles, voyant qu'elles obéissaient à Frédéric, lui obéissaient à leur tour.

Officier dans un régiment de cavalerie, Frédéric était un jeune homme de bonne mine et pouvait se présenter partout avec avantage. Tous ceux qui le voyaient pour la première fois éprouvaient pour lui un sentiment instinctif de bienveillance; et lors même qu'on avait vécu avec lui pendant quelques mois, qu'on avait appris à le connaître, qu'on avait pu compter ses défauts, on ne pouvait pourtant se défendre de l'aimer. Malgré sa vie dissipée, malgré ses folles dépenses, il relevait toutes ses folies par tant de bonne grâce qu'il réussissait presque toujours à se les faire pardonner. Hedwig et Ulrique étaient en adoration devant lui; elles n'auraient pas tiré de leur bourse un kreutzer pour un pauvre, et pour lui elles eussent donné sans regret jusqu'à leur dernier thaler. Tout ce qu'elles demandaient en échange de leurs sacrifices, c'était qu'il daignât, de temps en temps, les visiter revêtu de son uniforme. Voir Frédéric en uniforme d'officier de cavalerie représentait à leurs yeux le bonheur suprême; elles n'estimaient pas que ce bonheur pût se payer trop cher. A cette heure encore, sous le toit d'Hildesheim, elles n'étaient préoccupées que d'une pensée. Le visage pâle et abattu de Sigismond, au lieu d'éveiller en elles une sollicitude maternelle, leur avait inspiré des espérances ambitieuses qui étaient bien loin de leur esprit lorsqu'elles étaient venues s'installer au château. Elles avaient observé le train de vie que menait Sigismond; elles se disaient qu'en s'obstinant à vivre de cette vie étrange, il ne pouvait atteindre à la vieillesse, qu'il dépasserait à peine la maturité, et, dans ce cas, à quelles destinées Frédéric ne pouvait-il pas prétendre, pourvu que le comte Sigismond consentît à lui laisser une partie de ses domaines? Et pourquoi ne les lui laisserait-il pas tous? En bonne conscience, trouverait-il à mieux placer son immense fortune?

Quant à Frédéric, il ne songeait qu'à vivre joyeusement et ne prenait aucune part à ces projets; il buvait les vins de Sigismond, estropiait ses chevaux, dépeuplait ses bois, mettait ses meutes sur les dents, et n'en demandait pas davantage; pourvu que l'avenir ressemblât au présent, il se déclarait amplement satisfait. Quand Sigismond revenait au château pour quelques jours, Frédéric ne changeait rien aux habitudes qu'il avait prises en l'absence de son parent, et celui-ci ne songeait pas à s'en étonner. Le comte vivait tellement en dehors du monde réel, toutes les forces de son intelligence étaient tellement concentrées sur un seul point, qu'il avait à peine conscience du bruit et du mouvement qui se faisaient autour de lui.

Les espérances d'Hedwig et d'Ulrique semblaient près de se réaliser. Sigismond maigrissait à vue d'œil. Il était de retour depuis près d'un mois. Les deux vieilles filles, qui le gouvernaient comme un enfant et régnaient, lui présent, absolument comme en son absence, étaient désormais sûres de l'amener sans luttes, sans efforts, à l'accomplissement de leur volonté. Quelle ne fut pas leur consternation, lorsqu'un jour elles virent arriver au château d'Hildesheim une parente éloignée du père de Sigismond, dont elles n'avaient pas entendu parler depuis longtemps, qu'elles croyaient partie pour un monde meilleur! La foudre, en tombant à leurs pieds, ne les eût pas frappées de plus de stupeur.

Le major Bildmann, qui avait toujours mené une vie fort déréglée, venait de perdre au jeu ses dernières ressources. Pour échapper au dénûment qui les menaçait, sa femme Dorothée n'avait rien imaginé de mieux que de s'adresser au comte Sigismond. Instruite d'ailleurs de l'établissement des Stolzenfels au château d'Hildesheim, madame Bildmann, en femme prudente, était bien aise d'être sur les lieux pour veiller au grain et prendre sa part du gâteau. Connaissant le cœur excellent, l'inépuisable générosité du jeune comte, elle ne doutait pas qu'il ne lui offrît un asile; elle ne s'était pas trompée. Chemin faisant, elle avait arrangé dans sa tête un petit roman qu'elle lui débita d'un ton contrit et qu'il accepta comme une très-véridique histoire. Elle se garda bien de lui parler des désordres de son mari ; elle mit sur le compte de dépositaires infidèles l'anéantissement complet de son patrimoine. Sigismond se sentit attendri.

— Eh bien, dit-il après l'avoir écoutée en silence, les deux cousines de ma mère occupent l'aile droite du château; venez avec le major vous installer dans l'aile gauche. Pour l'existence que je mène ici, il me restera bien encore assez de place.

Dorothée ne se fit pas prier. Huit jours après, elle revint avec le major Bildmann et le petit Isaac, affreux marmot dont elle avait oublié de parler.

Le comte Sigismond était déjà parti pour courir après sa chimère.

La stupeur d'Ulrique et d'Hedwig se changea bientôt en sourde colère : qu'on se figure deux pies-grièches en train de plumer un ramier, et qui voient trois vautours s'abattre au milieu de la fête. Pour Frédéric, il eût ri de bon cœur, si madame Bildmann eût été plus jeune et moins laide.

Une haine implacable ne tarda pas à se déclarer entre l'aile droite et l'aile gauche du château, devenues deux camps ennemis. Le comte Sigismond, qui rentrait au gîte de loin en loin comme par le passé, était convaincu qu'il avait chez lui les meilleures âmes de la terre, des hôtes charmants, adorables, des parents dévoués, désintéressés, se chérissant les uns les autres, se partageant avec amour le soin d'embellir sa demeure et d'égayer sa vie solitaire. Les deux vieilles filles, quand il était là, essayaient bien de lui insinuer que les Bildmann n'étaient rien de bon ; de leur côté, les Bildmann ne se gênaient pas pour lui donner à entendre que les Stolzenfels ne valaient pas grand'chose. Tandis qu'ils parlaient Sigismond pensait à son air tyrolien, et les remerciaient, quand ils avaient fini, d'avoir bien voulu faire du domaine d'Hildesheim un séjour enchanté, l'asile des vertus aimables et des tendresses mutuelles.

Un soir, on vit rentrer le comte Sigismond au château. Une joie mystérieuse brillait sur son front et dans son regard ; tout son visage respirait une béatitude céleste. D'un geste, il écarta ses gens qui se pressaient autour de lui, et, sans parler à personne, calme, souriant, plein de sérénité, alla s'enfermer dans sa chambre. Bientôt on entendit le clavecin s'animer et chanter sous ses doigts : Sigismond avait enfin retrouvé l'air qu'il cherchait depuis près de six ans.

Hélas! le jeune comte ne devait pas jouir longtemps de sa conquête. Dans cette lutte silencieuse, il avait consumé ses forces. D'ailleurs, quel que soit l'idéal que nous poursuivions, la destinée jalouse ne nous pardonne pas de l'atteindre et de le saisir. A quelque temps de là, un serviteur entrait un matin chez le comte. Le clavecin avait chanté toute la nuit, et jamais, depuis son retour, Sigismond n'en avait tiré des accents si pénétrants, des modulations si touchantes. Jusqu'à l'aube, on avait entendu le même air, interrompu par de courts silences. Quand le serviteur entra, Sigismond était encore au clavecin. Une de ses mains, d'un blanc mat, reposait sur les touches d'ivoire; l'autre pendait languissamment le long de son corps immobile. La tête appuyée sur le dos du fauteuil où il était assis, les yeux fermés, la bouche épanouie en un demi-sourire, il paraissait dormir : il dormait, en effet, d'un sommeil si profond qu'il ne se réveilla jamais.

Le jour même des funérailles, les Stolzenfels et les Bildmann laissaient éclater leurs prétentions, et se préparaient à entamer une guerre sans trêve ni merci. Avec le caractère qu'on lui connaissait, il n'était guère présumable que Sigismond eût fait un testament; il s'agissait désormais de savoir qui resterait maître du terrain, des Bildmann ou des Stolzenfels. Les deux partis étaient bien décidés à ne rien céder de leurs droits. Les hostilités allaient commencer, et déjà les avoués de Muhlstadt, célèbres dans toute l'Allemagne par leur humeur et leur âpreté processives, se réjouissaient et se frottaient les mains, lorsqu'on apprit que le comte Sigismond d'Hildesheim, un mois avant de rendre l'âme, avait déposé son testament dans l'étude de maître Gottlieb.

II

Midi venait enfin de sonner à l'horloge de l'église voisine.

A cette heure solennelle, maître Gottlieb se leva brusquement, et courut à la glace du salon pour s'assurer que rien, dans l'économie de sa toilette, ne trahissait le trouble et l'agitation de son âme. Il était encore en contemplation devant son visage, qu'il s'efforçait vainement de rendre majestueux, lorsque la grande rue de Muhlstadt s'ébranla sous les roues d'un lourd carrosse dont l'origine remontait à quelque cinquante ans. Maître Gottlieb, comme réveillé en sursaut, s'élança à la fenêtre. Plus de doute, son espérance n'était pas trompée : les parents, les héritiers du comte Sigismond arrivaient pour entendre la lecture du testament. Oubliant, dans son impatience, sa dignité d'officier public, il se précipita au bas de l'escalier pour recevoir ses nouveaux clients.

Le carrosse venait de s'arrêter. Un laquais, vêtu d'une livrée orange à galons bleus, dont la couleur avait subi les injures du temps, ouvrit la portière, abaissa le marchepied, et deux vieilles filles, dont la plus jeune n'avait pas moins d'un demi-siècle, descendirent l'une après l'autre, en s'appuyant avec dignité sur le bras du galant tabellion. Toutes deux étaient habillées de noir; leur pas grave et mesuré disait clairement le respect qu'elles avaient pour elles-mêmes et pour la noblesse de leur race. Maître Gottlieb croyait marcher entre deux reines; il n'avait jamais vu mine si haute, maintien si fier. Il les prit par la main et les introduisit dans le salon.

A peine assises, elles commencèrent l'éloge du défunt et se mirent à vanter sa bonté, sa générosité, son caractère loyal et chevaleresque. Bien que maître Gottlieb ne connût pas la teneur du testament, car le comte Sigismond lui avait remis sous un pli cacheté ses dernières volontés écrites tout entières de sa main, à tout hasard le rusé compère essaya pourtant d'insinuer que le château d'Hildesheim et la meilleure partie des domaines reviendraient nécessairement à ces deux nobles demoiselles.

— Ah! mon cher monsieur Gottlieb, s'écrièrent à la fois Hedwig et Ulrique, pourquoi Dieu n'a-t-il pas permis qu'il en jouît plus longtemps? Il faisait tant de bien, il était si aimé! Il était l'honneur, le soutien de sa famille, la providence des pauvres.

Maître Gottlieb, fidèle au rôle qu'il s'était tracé d'avance, comprit la nécessité de s'associer à leur douleur. Il tira son mouchoir et fit mine d'essuyer ses larmes.

— Vous avez raison, dit-il en s'efforçant de donner à sa voix l'accent du plus profond chagrin : c'était une belle âme, un grand cœur. Il ne vivait pas comme tout le monde ; mais ses bizarreries n'ont jamais fait de mal à personne. Vous avez raison de le pleurer ; tous ceux qui ont connu le comte Sigismond le pleurent comme vous.

Et il porta de nouveau son mouchoir à ses yeux. Une fois en situation, maître Gottlieb sentit se développer en lui une éloquence sur laquelle il n'aurait pas osé compter ; les paroles se pressaient sur ses lèvres.

— Il n'était pas bon seulement, reprit-il d'une voix attendrie, il était juste, il savait reconnaître l'affection qu'on lui portait ; il appréciait, comme il le devait, les soins touchants dont vous l'entouriez.

Chaque fois que je le voyais, chaque fois qu'il daignait m'entretenir de ses intérêts et de ses intentions, il me parlait avec émotion de vous, de votre neveu Frédéric.

En entendant ces dernières paroles, Hedwig et Ulrique portèrent sur maître Gottlieb un regard curieux, comme pour lire dans ses yeux la révélation d'un secret qu'il eût été fort embarrassé de leur livrer. Maître Gottlieb, comme un diplomate consommé, demeura impénétrable; par un raffinement de prudence, il se mordit les lèvres comme s'il eût craint d'en avoir trop dit.

— Vraiment, reprirent les deux vieilles filles avec un accent de componction, il vous a parlé de nous, de notre cher neveu? Dieu sait que nous n'attendions rien de lui, car c'est nous qui devions partir les premières; mais Dieu l'a rappelé. Entre quelles mains plus dignes que les nôtres ses domaines pourraient-ils passer? Nous aurait-il **préféré** les Bildmann?

— Comment y aurait-il songé? répondit maître Gottlieb. Le major est un bourreau d'argent. Si le comte Sigismond avait eu l'étrange pensée de vous préférer les Bildmann, les domaines d'Hildesheim sortiraient bientôt de la famille. Non, non! c'est impossible. Il connaissait les Bildmann aussi bien que vous les connaissez.

Et cette fois encore il se mordit les lèvres, comme s'il eût craint d'être indiscret. Puis, faisant un retour sur lui-même :

— Le comte Sigismond, ajouta-t-il, m'avait accordé toute sa confiance, et j'ose dire qu'il l'avait bien placée. Dans quelques instants peut-être vous allez prendre tous ses droits, et j'espère, mesdemoiselles, que vous ne voudrez pas me retirer la clientèle du château.

— Soyez sans crainte, maître Gottlieb, répondit Ulrique.

— C'est vous, reprit Hedwig, qui rédigerez le contrat de mariage de notre cher neveu.

— Vous aussi, soyez sans crainte, nobles demoiselles ; M. Frédéric, s'il daigne y consentir, épousera une archiduchesse.

En ce moment, un berlingot s'arrêta sous la fenêtre du salon.

Maître Gottlieb se leva, salua respectueusement les deux vieilles filles, et, avec une légèreté au-dessus de son âge, atteignit en quelques secondes la porte qui s'ouvrait sur la rue.

Le major Bildmann, car c'était lui-même, accompagné de Dorothée, sa digne moitié, et d'Isaac, son digne fils, ne laissa pas à maître Gottlieb le temps d'ouvrir le berlingot. Il s'élança le premier, reçut dans ses bras sa femme et son enfant, et, découvrant son front où ruisselait la sueur, avant même d'avoir salué :

— J'ai grand'soif, maître Gottlieb, s'écria-t-il, j'ai grand'soif ; je viens de loin. Avant d'entendre la lecture du testament j'aimerais à me rafraîchir.

En achevant ces mots, il passa fièrement les doigts dans ses moustaches grises.

C'était un homme d'environ cinquante ans, d'une taille élevée, ayant toutes les apparences de la force ; il marchait la poitrine en avant, la tête haute : son visage enluminé, ses joues couperosées disaient assez comment il vivait depuis quelque vingt ans. Quant à Dorothée, qui n'avait pas plus de trente-cinq printemps, ses joues maigres, ses lèvres pâles et minces, son œil profondément enchâssé, son nez effilé, ses narines évidées, lui donnaient quelque ressemblance avec un oiseau de proie. La toilette de ces deux époux, si bien assortis, s'accordait parfaitement avec leur visage. Le major portait une polonaise vert-olive à brandebourgs, un pantalon collant de tricot brun, des bottes molles à glands rabattus. Dorothée était vêtue d'une robe de laine noire dont la jupe étroite et serrée sur les hanches dessinait sa maigreur avec une impitoyable fidélité. Pour atténuer, autant qu'il était en lui, la couleur incongrue de sa polonaise, le major avait attaché sur son feutre gris un crêpe qui l'enveloppait tout entier. Dorothée, pour compléter son deuil, avait imaginé de mettre un bonnet de veuve. Le deuil de l'enfant était ce qu'on peut appeler un deuil improvisé; Dorothée, en mère économe, n'avait rien voulu changer à la toilette de son fils. Un pantalon de nankin boutonné sur une veste de drap bleu, des bas chinés, des souliers de veau rayé, composaient l'habillement du petit Isaac. Sur son chapeau de paille cousue, qui pouvait bien valoir un florin, Dorothée avait attaché un crêpe noué en rosette comme une écharpe et qui flottait au vent. Le profil d'Isaac était celui d'une grenouille; pour obéir à sa mère, qui lui avait recommandé d'avoir un maintien grave, une tenue décente, il faisait une affreuse grimace qui lui donnait l'air grognon plutôt qu'affligé. Ses cheveux, d'un blond pâle et presque blanc, taillés en brosse, laissaient voir, dans toute sa laideur, son visage empreint d'une vieillesse précoce, où se peignaient la ruse et la méchanceté.

Ce gracieux trio, guidé par maître Gottlieb, fit halte dans la salle à manger.

A peine entré, le major s'attabla sans façon, comme s'il eût été chez lui, et frappant d'une main familière sur le ventre du tabellion :

— Ah çà ! vous nous attendiez, et je vois que vous avez fait les choses comme il faut : des fruits, c'est bien ; des viandes froides, c'est encore mieux ; de vieux flacons, c'est parfait. Mais quel vin avez-vous là ? mon habitude, à moi, est de me rafraîchir avec un vin généreux.

Sans attendre la réponse, il déboucha une bouteille qui se trouvait sous sa main et se versa un plein verre de vin de Madère qu'il avala d'un seul trait.

— Votre cave est bonne, maître Gottlieb, dit-il d'un air de protection. Si votre étude est tenue comme votre cave, vous faites des affaires d'or.

Puis, se ravisant tout à coup, comme s'il eût compris que ce langage ne convenait pas à la situation, il essaya de donner à ses joues enluminées, à ses lèvres épaisses et violettes l'expression du chagrin.

— Nous allons donc, continua-t-il, entendre la lecture du testament ! Malgré sa singularité, au fond, le comte Sigismond était un bon diable. Je suis sûr qu'il aura bien traité le major Bildmann.

— Vous ne vous trompez pas, reprit maître Gottlieb, il m'a toujours parlé de vous sur le ton de la plus franche cordialité. Il vous aimait, il savait ce que vous valez. Il estimait l'esprit fin et judicieux de madame Bildmann; il racontait à tout propos les espiègleries de ce joli enfant.

En parlant ainsi, maître Gottlieb passait la main sous le menton du petit Isaac, qui déjà tendait son verre à son père.

— Ainsi, dit Dorothée d'une voix glapissante, le comte Sigismond vous a quelquefois parlé de nous? Dieu sait que nous l'aimions d'une affection sincère, profonde, désintéressée. Chaque fois qu'une langue indiscrète essayait de plaisanter sur ses voyages sans but, sur sa vie silencieuse, sur la solitude où il s'enfermait, mon mari et moi nous ne manquions jamais de prendre sa défense; et, quand nous parlions, tout le monde se taisait. Ah! sans doute, il n'aura pas été ingrat, il se sera souvenu de nous. Il aura pourvu généreusement à l'éducation de notre cher petit Isaac. A qui, d'ailleurs, aurait-il pu laisser ses beaux domaines? Est-ce aux Stolzenfels? Vous connaissez, maître Gottlieb, vous connaissez depuis longtemps Frédéric; vous savez quel train il mène. Entre ses mains, le domaine d'Hildesheim serait bientôt fondu.

— Il n'en ferait qu'une bouchée, ajouta finement le major Bildmann en frisant ses moustaches.

— Oui, je le connais, répliqua Gottlieb d'un air pénétrant, et le comte Sigismond le connaissait aussi bien que moi ; car, sous une apparence d'originalité, sous les dehors d'un esprit distrait, il cachait un bon sens profond, une sagacité rare ; un coup d'œil lui suffisait pour juger ceux qui vivaient près de lui. Dans un instant, madame, vous allez connaître les dernières volontés du comte Sigismond. Il y aura, je le prévois, bien des espérances trompées, bien des ambitions déçues. Frédéric, qui a vécu jusqu'ici en franc vaurien, sera forcé de mettre de l'eau dans son vin.

Et frappant de la paume de sa main le front déprimé d'Isaac :

— Voilà, dit-il en souriant, un enfant dont l'avenir est assuré. Ce sera un jour un bon parti ; toutes les carrières lui sont ouvertes, car la fortune ouvre toutes les carrières. Administration, armée, magistrature, il pourra tout aborder ; il n'aura que l'embarras du choix.

Voyant qu'à ces paroles le visage de Dorothée s'épanouissait, il poursuivit d'une voix de plus en plus animée :

— Oui, cet enfant pourra prétendre un jour aux plus beaux, aux plus riches partis de l'Allemagne. Toutes les mères se disputeront l'honneur de lui offrir leur fille. Le comte Sigismond m'avait accordé toute sa confiance, et je puis dire qu'il l'avait bien placée. Dans quelques instants peut-être vous allez hériter de tous ses droits, et j'espère, madame, que vous ne voudrez pas me retirer la clientèle du château.

— Comptez sur nous, maître Gottlieb, répondit d'une voix enrouée le major, qui venait d'achever sa bouteille. Comptez sur nous ; c'est vous qui rédigerez le contrat de mariage de notre fils et le testament de ma femme : n'est-ce pas, Dorothée ?

Maître Gottlieb entendait depuis quelques instants le pas impatient d'Ulrique et d'Hedwig ; il se leva et introduisit dans le salon le major, sa femme et son fils.

Le major et Dorothée échangèrent avec les deux vieilles filles un salut plein de défiance. On n'attendait plus que Frédéric pour ouvrir le testament. Le galop d'un cheval se fit entendre. Frédéric entra, couvert de poussière, la cravache au poing, et salua en s'essuyant le front. C'était un beau jeune homme, au visage pâle, un peu fatigué, à la taille mince et souple comme un jonc. Quand ils furent tous réunis autour de la table du salon, maître Gottlieb alla dans son étude chercher le testament du comte Sigismond, et revint bientôt, tenant à la main un large pli aux armes d'Hildesheim. Hedwig et Ulrique, le major et Dorothée, attachaient sur ce pli mystérieux un regard inquiet; Frédéric seul demeurait insouciant et semblait ne prendre aucun intérêt à la lecture qui allait commencer. Enfin, maître Gottlieb tira d'un étui de maroquin rouge ses lunettes à branches d'or, et, s'efforçant de prendre un air solennel, il rompit le cachet. Tandis que Frédéric, du bout de sa cravache, essayait de tracer sur la poussière de ses bottes le profil de maître Gottlieb, Ulrique et Dorothée se regardaient comme deux carlins qui vont en venir aux prises. Maître Gottlieb feuilletait lentement le testament du comte Sigismond, vérifiait l'écriture de chaque page pour s'assurer que tout était bien de la même main.

— Eh bien! s'écria brusquement le major, nous sommes tous réunis : qu'attendez-vous?

— Un moment, répliqua maître Gottlieb; nous tenons le testament, il ne peut nous échapper. Avant de commencer la lecture, je dois voir si tout est bien en règle. Nous autres officiers publics, nous ne devons rien faire légèrement; nous devons procéder avec mesure, avec précaution.

Il se fit un profond silence. On entendait voler les mouches, qui ne manquaient pas dans le salon de maître Gottlieb.

III

Maître Gottlieb toussa trois fois, et lut à haute voix ce qui suit :

« Ceci est l'expression fidèle de mes dernières volontés.

» Je désire et j'entends qu'elles soient exécutées de point en point.

» Je n'ai qu'à me louer de ma famille. Mon âme est pénétrée de reconnaissance pour les soins assidus dont je suis entouré; j'espère que mes parents verront dans mes dernières dispositions la preuve éclatante de ma gratitude et de l'estime profonde qu'ils ont su m'inspirer.

» Les deux cousines de ma mère, Hedwig et Ulrique de Stolzenfels, m'ont témoigné en toute occasion une affection désintéressée. Pour me laisser plus de loisir et de liberté, elles ont bien voulu se charger de l'administration de ma maison. Elles ont surveillé avec une activité, un zèle qui ne s'est pas démenti une seule fois, la gestion de mes domaines. Frédéric, par sa gaieté, par sa jeunesse, a jeté dans mon château un peu de vie et de mouvement. C'est à lui que je dois les seules distractions que j'aie connues dans ces dernières années. Depuis qu'ils sont venus s'établir sous mon toit, les Stolzenfels ont été pour moi des amis tendres, dévoués ; je n'ai jamais surpris dans leurs paroles, dans leurs actions, la moindre pensée de convoitise ; cette abnégation constante m'a pénétré d'admiration et de respect, je veux qu'ils sachent bien que j'ai dignement apprécié leur conduite. »

Ici Hedwig et Ulrique, relevant fièrement la tête, laissèrent tomber sur le major et Dorothée un regard triomphant et dédaigneux. Quant à Frédéric, qui venait d'achever sur une de ses bottes le portrait de maître Gottlieb, il se disposait à commencer sur l'autre le portrait d'Isaac. Le major baissait la tête, croyant la partie perdue ; Dorothée, sans se laisser abattre par ce début menaçant, attachait sur Gottlieb un œil curieux, et semblait le presser de poursuivre.

Maître Gottlieb, voyant déjà les Stolzenfels en possession du château d'Hildesheim, leur souriait avec complaisance, et ne s'apercevait pas même de l'impatience de Dorothée.

Le petit Isaac grignotait un biscuit qu'il avait dérobé sur la table de la salle à manger.

Après une pause de quelques instants, maître Gottlieb poursuivit :

« La franchise et la loyauté du major Bildmann ont été, je le dis hautement, une consolation bien douce pour moi, après les déceptions de toute nature que j'avais subies dans ma jeunesse. »

Le major, à son tour, releva la tête; à son tour, Dorothée jeta aux vieilles filles un regard méprisant.

Maître Gottlieb continua :

« Madame Bildman a rivalisé de zèle et de dévouement avec les cousines de ma mère. Ce qui donnait à cette lutte un caractère auguste et touchant, c'était l'absence complète d'arrière-pensée : en échange de tant de soins, les Bildmann et les Stolzenfels ne demandaient, n'attendaient que mon affection. Aussi bien que les Stolzenfels, les Bildmann ont droit à ma reconnaissance. »

En lisant cette dernière phrase, maître Gottlieb se trouva dans un étrange embarras : il ne savait plus de quel côté il devait sourire. Pour trancher la difficulté, il prit la résolution héroïque de sourire à tout le monde.

En écoutant ces paroles, qui confondaient les Bildmann et les Stolzenfels dans une commune reconnaissance, les deux partis changèrent d'attitude et de physionomie; ils ne croyaient plus au triomphe absolu, ils se résignaient au partage.

— Ah çà! dit Frédéric, maître Gottlieb, avez-vous bientôt achevé la lecture de ce grimoire? Croyez-vous que je puisse rester ici jusqu'au soir?

— Un peu de patience, mon neveu! s'écria Ulrique.

— Continuez, maître Gottlieb, dit à son tour le major Bildmann.

— Nous touchons à la dernière page, reprit gravement maître Gottlieb.

Et d'une voix solennelle il poursuivit :

« A Munich, rue des Armuriers, n° 9, vit un jeune musicien, Franz Muller. Il a trouvé jusqu'ici dans son travail, dans les leçons qu'il donne, de quoi subvenir à l'entretien de sa femme et de ses enfants, qui le chérissent tendrement. Ce ménage est heureux, et je n'ai pu le voir sans envie; mais Muller n'est pas un artiste ordinaire, et son génie, pour se développer, a besoin de loisirs. C'est lui, c'est Franz Muller, demeurant à Munich, rue des Armuriers, n° 9, que j'institue mon légataire universel. »

A ces mots, Hedwig et Ulrique, le major et Dorothée, se levèrent brusquement en poussant un cri de surprise et de colère ; Frédéric ne put retenir un éclat de rire.

— A merveille ! s'écria-t-il en battant des mains ; à merveille ! Bravo, mon cousin ! Le comte Sigismond est mort comme il avait vécu, en franc original.

— C'est une honte, c'est une infamie ! reprirent en chœur les deux vieilles filles, le major et sa femme, d'une voix qu'étouffait la colère.

— Il était fou, je le savais bien, reprit Dorothée. Nous devions nous attendre à tout de sa part.

— Il était indigne de nos bontés, continua Ulrique, indigne des soins que nous lui avons prodigués.

— Nous attaquerons le testament, ajouta le major d'une voix de tonnerre ; nous prouverons qu'il était en démence.

— Oui, s'écrièrent à la fois les deux vieilles filles et Dorothée, nous attaquerons le testament.

— Vous n'en ferez rien, répliqua Frédéric d'un ton ferme et résolu. Vous avez dormi sous son toit, vous avez mangé son pain ; il a toujours été excellent pour nous tous. Si quelqu'un de vous prétend attaquer ses dernières volontés, je déclare ici que je n'entends pas le permettre, et que je saurai bien les faire respecter.

Et Frédéric regardait fièrement le major.

Au milieu de cette scène, maître Gottlieb ne savait où donner de la tête. Il avait souri tour à tour aux Stolzenfels et aux Bildmann; pour jouer jusqu'au bout son rôle, il aurait dû maintenant sourire à Muller. N'ayant pas devant lui le légataire universel du comte Sigismond, il abaissa sur les Bildmann et les Stolzenfels un regard compatissant où se mêlait pourtant un peu d'ironie. Puis, comme les cris, les invectives ne s'apaisaient pas :

— Attendez! s'écria-t-il d'un ton d'autorité; attendez, je n'ai pas fini.

Les Stolzenfels et les Bildmann se rassirent. Maître Gottlieb poursuivit :

« Désirant assurer après ma mort le bien-être de mes fermiers et de mes serviteurs, que je m'accuse d'avoir trop négligés pendant ma vie, j'entends que Franz Muller habite le château d'Hildesheim neuf mois de l'année, et ne congédie aucun de mes gens.

» Quant à mes bien-aimés parents, les Stolzenfels et les Bildmann, j'entends que rien ne soit changé pour eux, et qu'ils vivent au château comme par le passé. »

— Jamais! s'écrièrent à la fois les deux vieilles filles, le major et Dorothée, jamais!

— Attendez donc! s'écria Gottlieb; attendez, je n'ai pas fini.

Les Stolzenfels et les Bildmann se rassirent pour la seconde fois.

« Désirant assurer l'indépendance de mes bien-aimés parents, j'entends que Muller paye chaque année à Ulrique de Stolzenfels mille florins;

» A Hedwig de Stolzenfels, mille florins;

» A Frédéric de Stolzenfels, mille florins;

» Au major Bildmann, deux mille florins, reversibles, en cas de mort, sur la tête de Dorothée;

» Et qu'il prélève sur ses revenus, la première année de son entrée en jouissance, une somme de dix mille florins, dont les intérêts seront capitalisés jusqu'à la majorité d'Isaac. A cette époque, la somme formée par la réunion du capital et des intérêts sera mise à la disposition d'Isaac Bildmann, et lui servira de dot pour son établissement.

» Je donne à Frédéric de Stolzenfels le libre usage de mes chevaux et de mes meutes, avec le droit de chasse dans mes domaines. »

— Merci, mon cousin ! dit Frédéric en se levant.
Et de la main il fit un salut militaire.

« Je joins au présent testament un air tyrolien ; je désire que cet air soit gravé sur ma tombe et me serve d'épitaphe.

» Telles sont mes dernières volontés. J'espère que mes bien-aimés parents vivront en paix avec le nouvel hôte qui doit me remplacer. Si dans le monde nouveau où sans doute je serai bientôt il nous est donné de voir ce qui se passe sur la terre, je me réjouirai de leur union et de leur bonheur.

» Fait et signé en mon château d'Hildesheim, le 17 mars 1825.

» Comte Sigismond d'Hildesheim. »

— C'est une infamie ! c'est une honte ! c'est une indignité ! Nous sommes dépouillés, nous sommes volés, nous sommes égorgés ! s'écrièrent à la fois Ulrique, Hedwig, le major et Dorothée.

Comme ils se disposaient à partir, maître Gottlieb, pour consoler leur déconvenue, leur offrit de passer dans la salle à manger. Les trois femmes repoussèrent avec colère cette proposition, qui ressemblait à une raillerie ; le major seul aurait voulu dire deux mots à certaine volaille dont la mine lui plaisait fort, et qu'il comptait bien arroser : Dorothée l'entraîna en lui reprochant sa gloutonnerie. Hedwig et Ulrique remontèrent dans leur carrosse; Frédéric sauta en selle et partit au galop, emportant sur l'une de ses bottes le portrait d'Isaac, et sur l'autre le profil de maître Gottlieb.

Gottlieb, resté seul, voyant tous ses convives lui échapper, appela son maître clerc, le fit asseoir près de lui, et tous deux vidèrent quelques vieux flacons en l'honneur du légataire absent.

IV

En ce temps-là vivaient à Munich trois êtres qui offraient un rare spectacle : ils se voyaient tous les jours, dormaient sous le même toit, s'asseyaient à la même table, et pourtant s'aimaient d'une affection qui durait depuis plusieurs années. Ces trois êtres privilégiés étaient Franz Muller, Édith sa femme, et Spiegel, leur ami.

Franz et Spiegel avaient été élevés ensemble; ils avaient passé les plus belles années de leur jeunesse dans la pauvreté, dans une pauvreté poétique, animée par le travail, embellie par l'espérance. Franz était musicien, Spiegel cultivait la peinture avec passion; l'art et l'amitié remplissaient leur vie et ne laissaient aucune place au découragement.

Pendant trois ans, ils avaient parcouru à pied, le

sac sur le dos, le bâton à la main, l'Allemagne et le Tyrol, s'arrêtant chaque fois qu'ils étaient saisis par la beauté du paysage. Alors chacun pourvoyait à sa manière aux besoins de la communauté; tantôt Spiegel faisait quelques portraits, tantôt Muller trouvait à donner quelques leçons de clavecin et de chant; ou bien, s'ils étaient arrivés la veille d'une grande fête, Muller allait offrir ses services à l'église du lieu et touchait l'orgue pendant l'office. C'est ainsi, en menant cette vie de bohème, qu'ils purent visiter les plus riches vallées, les montagnes les plus pittoresques, les villes les plus opulentes, les galeries les plus splendides, et amasser pour les entretiens de la veillée un trésor de souvenirs.

Pendant trois ans, pas un nuage ne vint troubler la sérénité de leurs journées; pendant trois ans, ils n'eurent pas une pensée cachée l'un pour l'autre. Ils espéraient vieillir ensemble, et s'étaient promis de ne jamais se marier, de ne jamais enchaîner leur indépendance, dans la crainte que le mariage n'entravât leur talent et n'altérât leur amitié. Ils étaient encore à cet âge où l'amitié suffit à la vie, où l'esprit, absorbé tout entier par le culte de l'art, n'entrevoit pas d'autres préoccupations, d'autres besoins; cette promesse imprudente ne devait pas s'accomplir.

Ce vœu de célibat ne coûtait rien à Spiegel, nature sauvage, pour qui la seule pensée d'une famille à gouverner, d'une existence ordonnée, prévue, symétrique, d'une vie sédentaire, immobile, était un objet d'épouvante. Pour Muller, âme rêveuse et tendre, c'était un vœu insensé. En prenant l'engagement dont l'idée appartenait à Spiegel, Muller était parfaitement sincère, il croyait promettre ce qu'il pourrait tenir; il s'était trompé : sa résolution devait échouer devant le sourire d'une jeune fille.

Dans une petite ville du Tyrol, il vit Édith et l'aima. Quand il se sentit sérieusement épris, son embarras fut grand : il s'agissait, pour Muller, d'annoncer à Spiegel qu'il voulait retirer sa parole et rompre son vœu. Au premier mot qu'il prononça, malgré la réserve et l'ambiguïté dont il essayait d'envelopper sa pensée, Spiegel l'arrêta brusquement. Il commença une longue homélie, tantôt tragique, tantôt bouffonne, sur la fragilité des amitiés humaines, sur les caractères incapables de persévérance. Pour le détourner de son projet, il lui fit un tableau effrayant de tous les ennuis, de toutes les anxiétés attachées au mariage. Il essaya de lui prouver que toutes les grandes pensées, toutes les ambitions généreuses, toutes les conceptions poétiques meurent étouffées dans l'atmosphère de la vie domestique. Muller écouta toutes ses prophéties menaçantes sans se laisser ébranler, et termina l'entretien en annonçant à Spiegel son prochain mariage.

Dès ce moment, Spiegel crut Franz perdu sans retour, perdu pour l'amitié, perdu pour l'art, perdu pour la vie joyeuse et insouciante qu'ils avaient menée jusque-là. Il était réservé à Édith de le convertir.

Ils revinrent tous trois à Munich : les jours, les semaines, les mois se passèrent, et l'amitié de Franz et de Spiegel, au lieu de se relâcher, se resserra de plus en plus. Après avoir étudié l'humeur sauvage de Spiegel, Édith s'était promis à elle-même de l'apprivoiser, et avait réussi au delà de toute espérance. A la grâce, à la beauté elle joignait la bonté et l'intelligence. Spiegel, dont les visites chez Muller avaient d'abord été rares et courtes, Spiegel, que cette infraction à la foi jurée avait rendu misanthrope, ne put résister aux paroles prévenantes, à l'esprit enjoué, au sourire charmant d'Édith ; ses visites se multiplièrent, se prolongèrent, et un beau jour, sans l'avoir prévu, sans y avoir songé, Spiegel se trouva établi sous le même toit que Muller. Franz, qui savait où sa femme voulait en venir, avait réservé une chambre et un atelier à Spiegel dans une petite maison qu'il venait de louer.

Cette maison était située dans un faubourg de Munich ; on y arrivait par un cour d'apparence modeste, dont les murs étaient partout tapissés de vigne. La maison se composait d'un rez-de-chaussée et d'un étage. Franz avait pris le rez-de-chaussée, et gardé le premier étage pour Spiegel. Derrière la maison, se trouvait un petit jardin qui n'avait guère plus d'un arpent. Ce n'était, à proprement parler, qu'une pelouse entourée de plates-bandes de fleurs et de quelques arbres fruitiers disposés en espalier. C'était là, dans cet asile paisible, que vivaient Franz, Édith et Spiegel, heureux dans leur médiocrité.

Tout le jour appartenait au travail ; les soirées se passaient en gais entretiens, en petits concerts. Franz se mettait au clavecin, Édith chantait pour Spiegel les plus beaux airs du Tyrol.

Spiegel avait d'abord ébauché quelques tableaux, il en avait même achevé deux ou trois dont il était assez content ; mais aucun amateur ne s'était présenté pour les acquérir. Il prit le parti de donner des leçons de dessin, et renonça sans regret aux espérances de renommée dont il s'était bercé pendant plusieurs années. Quelques sonates, une symphonie, écrites par Muller, n'avaient pas eu meilleure chance que les tableaux de Spiegel. Muller avait dû s'arrêter devant les obstacles sans nombre que le musicien pauvre est obligé de renverser avant d'arriver jusqu'au public. Il s'était résigné, lui aussi, à donner des leçons ; mais, quoiqu'il trouvât dans l'enseignement de son art des ressources très-suffisantes, il n'avait pas dit à ses premiers rêves de gloire un éternel adieu. La tendresse d'Édith, l'amitié de Spiegel, remplissaient son âme de bonheur, de sérénité ; et pourtant il se disait que sa vie n'était pas complète, qu'il lui manquerait quelque chose tant qu'il n'aurait pas donné la mesure de ses facultés. Parfois il sentait germer sourdement dans sa pensée de fraîches mélodies qui demandaient à s'épanouir ; son sommeil était troublé par des rêves inquiets ; et, le matin, quand il eût voulu donner à ses rêves un corps, une forme, il n'obéissait pas toujours sans amertume à la nécessité qui l'appelait au dehors. Tout son temps était pris par ses élèves. Deux enfants d'une figure charmante étaient venus donner à ces préoccupations plus de vivacité. Muller, malgré sa vie laborieuse, malgré l'économie sévère qu'Édith apportait dans toutes ses dépenses, ne songeait pas sans inquiétude à l'avenir de ses enfants. Il se disait que les profits de ses leçons seraient pour leur établissement une ressource bien précaire. Quelquefois, donnant un libre cours à ses pensées, il s'entretenait avec Édith, avec Spiegel, des soucis cachés au fond de son bonheur. Quand la conversation tombait sur ce sujet, Spiegel ne manquait jamais de donner tort à Franz.

— De quoi t'inquiètes-tu? lui disait-il; à quoi bon te creuser la tête? à quoi bon chercher à deviner quel sera l'avenir de tes enfants? Ils vivront comme nous avons vécu. La petite Marguerite sera belle, elle trouvera sans peine, quand elle aura vingt ans, un honnête garçon qui l'épousera pour ses beaux yeux, comme tu as épousé ta femme. Elle n'apportera dans son ménage d'autre dot que sa gentillesse et sa bonté, cette dot lui suffira. Quant au petit Hermann, sa mine fière, son œil éveillé, répondent de son avenir. Il est intelligent, il aura du courage, il travaillera comme nous. Tu lui apprendras la musique, et je lui apprendrai la peinture; quand il saura ce que nous savons, il choisira. Nous avons le bonheur: que nous faut-il de plus? Si nous avions la gloire » la richesse serions-nous plus heureux? Qui sait, d'ailleurs, si le travail, la persévérance, ne triompheront pas de tous les obstacles? Un jour peut-être les cent voix de l'orchestre rediront ta pensée dans toutes les villes de l'Allemagne. Nous aurons des jours meilleurs, la renommée ne te manquera pas.

Édith et Franz souriaient parfois en écoutant ces paroles; parfois aussi, en regardant le berceau de leurs enfants, ils sentaient se réveiller toutes leurs inquiétudes.

Un soir, Franz était rentré chez lui, le front plus soucieux qu'à l'ordinaire. Spiegel était absent pour quelques jours. Édith s'assit au clavecin et se mit à chanter un des airs que Franz préférait, et qui plus d'une fois avait réussi à ramener le sourire sur ses lèvres. La fenêtre du salon était ouverte, et la voix d'Édith, fraîche, pure et sonore, arrivait jusqu'aux oreilles des promeneurs. Franz écoutait depuis quelques instants, plongé dans une douce rêverie, tandis qu'Hermann et Marguerite se roulaient, comme deux jeunes chats, sur le tapis au milieu du salon. Cette jeune femme, dont les blonds cheveux tombaient en boucles abondantes sur ses épaules nues, ces deux beaux enfants qui s'ébattaient gaiement sur les fleurs du tapis, ce jeune rêveur qui d'une main soutenait son front incliné, composaient un tableau charmant.

Tout à coup un étranger parut et s'arrêta sur le

seuil de la porte. Il avait marché si doucement que personne n'avait entendu le bruit de ses pas. Franz, absorbé dans sa rêverie, ne remarquait pas sa présence ; Édith, qui lui tournait le dos, continuait de chanter en toute sécurité. Fasciné, debout, immobile, comme cloué au parquet par un charme tout-puissant, l'étranger écoutait en extase ; des larmes silencieuses coulaient lentement sur ses joues. C'était un homme jeune encore ; le chagrin avait gravé sur son visage pâle des rides prématurées. Son costume simple et sévère, la beauté de ses traits, je ne sais quoi de chevaleresque dans tout l'aspect de sa personne, corrigeaient ce qu'il pouvait y avoir d'un peu hasardé dans sa façon de se présenter chez les gens. Hermann, en levant les yeux, l'aperçut et le montra du doigt à son père étonné.

Le visiteur inattendu fit quelques pas en avant ; d'un geste suppliant, il imposa silence à Franz et aux enfants ; puis s'adressant à Édith, qui venait de tourner la tête :

— Continuez, je vous en prie, dit-il avec l'accent d'une émotion profonde ; madame, continuez, votre voix me fait tant de bien !

Édith, comme si elle eût obéi à une influence magnétique, se remit à chanter, et l'étranger, en l'écoutant, attendri jusqu'au fond de l'âme, laissa librement couler ses pleurs. Franz, témoin de son émotion, ne songeait pas à l'interroger; les enfants l'examinaient d'un air curieux et ne jouaient plus. Édith se leva lorsqu'elle eut achevé; mais l'étranger s'approcha d'elle et joignit ses mains en signe de prière.

— Au nom du ciel, dit-il, recommencez cet air. Soyez bonne, soyez généreuse : madame, recommencez!

Confuse, troublée, rougissant, la jeune femme hésitait à se rasseoir et ne savait trop que répondre.

— Pourquoi hésiter? dit en souriant Muller; recommence, puisque cela fait tant de plaisir à monsieur.

L'inconnu saisit les mains de Franz, les pressa dans les siennes et s'assit près de lui, sur le divan, sans en être prié. Chez des bourgeois, on l'eût pris pour un fou; sa bonne étoile l'avait conduit chez des artistes.

Il y avait dans sa physionomie tant de bonté affectueuse, dans son maintien tant de véritable noblesse, que Muller l'observait sans humeur, sinon sans surprise, et se sentait porté vers lui par une sympathie mystérieuse. Les enfants eux-mêmes, attirés par la douceur de son regard, étaient venus s'offrir à ses caresses; et tandis qu'Édith chantait, l'étranger, tout en l'écoutant avec un pieux recueillement, promenait tour à tour ses doigts sur ces deux blondes têtes

— De grâce, madame, demanda-t-il à Édith, quand elle eut achevé pour la seconde fois, de grâce, dites-moi où vous avez entendu, où vous avez appris cet air ?

— Dans le Tyrol, répondit Édith en prenant place près de son mari ; c'est un air de nos montagnes.

— Vous êtes née dans le Tyrol ? c'est là que vous avez grandi ? murmura l'étranger en contemplant Édith avec mélancolie.

Puis il cacha son visage entre ses mains et demeura quelques instants ainsi. Édith et Franz étaient trop jeunes encore, ils s'aimaient trop l'un l'autre pour ne pas deviner qu'il y avait là-dessous quelque chagrin de cœur, quelque peine amoureuse ; ils se taisaient, et, loin de railler, leur attitude et leurs regards n'exprimaient qu'un sentiment de pitié mêlé de respect.

— Pardonnez-moi, jeunes amis, dit enfin l'inconnu en relevant la tête et réunissant dans ses mains la main d'Édith et celle de Muller, pardonnez-moi d'être venu troubler par ma présence cet asile où respirent la paix et le bonheur.

Je ne saurais dire comment il arriva qu'au bout

d'une heure à peine, ce singulier visiteur, dont Franz ne savait pas même le nom, s'entretenait avec ses hôtes sur le ton de la franchise, de l'abandon, de la familiarité, comme s'il les eût connus depuis longtemps. Par d'insensibles détours, il avait amené Muller à parler de lui-même, et Muller, sans défiance, répondait à toutes ses questions sans songer à les trouver indiscrètes. Il racontait les joies de son intérieur, les luttes, les découragements, les tristesses de sa vie d'artiste; il disait avec éloquence ses ambitions trahies, ses espérances déçues, ses aspirations vers la gloire. Tout en causant il avait assis ses deux enfants sur ses genoux : il parlait avec amour de l'avenir de ces chers petits êtres. Prié de faire entendre une de ses compositions, il se mit au clavecin et joua une sonate d'un style sévère, tour à tour empreint de grâce et de majesté, qui rappelait celui des meilleurs maîtres. L'étranger l'écoutait avec l'attention d'un juge qui ne veut pas se prononcer légèrement. La sonate achevée, il garda un silence rêveur. Franz, qui s'attendait à recevoir un compliment, se consola en pensant que cet original ne se connaissait pas en musique.

— Il me reste, madame, une grâce à vous demander, dit le bizarre personnage. J'espère que vous voudrez bien me donner une copie de l'air tyrolien que vous avez eu la bonté de répéter pour moi.

— De grand cœur, monsieur, répliqua Édith. Nous n'avons pas cet air noté, je doute même qu'il l'ait jamais été ; mais Franz va le noter pour vous.

— Très-volontiers, repartit Muller, qui ne pouvait s'empêcher de sourire en songeant au beau succès que venait d'obtenir sa sonate.

En moins de cinq minutes, il eut couvert de petits points noirs un carré de papier réglé. Édith se leva, prit le feuillet de musique manuscrite et l'offrit gracieusement à son hôte, qui s'en saisit avec une expression de joie reconnaissante, le parcourut des yeux à la hâte, porta respectueusement à ses lèvres la main d'Édith qu'il avait gardée dans la sienne, jeta sur les enfants un regard attendri ; puis, sans laisser à Franz le temps de lui demander son nom, sortit, ainsi qu'il était entré, silencieusement, comme une ombre.

V

On peut croire que la visite du mystérieux étranger fut pendant longtemps le sujet des entretiens de Muller, d'Édith et de Spiegel. Naturellement ombrageux, jaloux en amitié comme on l'est en amour, car toutes les amitiés vraies sont nécessairement jalouses, Spiegel ne cachait pas son mécontentement. Il reprochait à Muller sa faiblesse, sa complaisance : comment Muller avait-il pu recevoir chez lui, garder près de lui pendant toute une soirée un homme dont il ne savait pas même le nom? A coup sûr, cette folle condescendance ne lui promettait rien de bon. Qui savait, qui pouvait prévoir si cet hôte indiscret ne reviendrait pas bientôt? Encouragé par l'accueil bienveillant qu'il avait reçu, n'essayerait-il pas de s'établir dans la famille? Et alors que deviendrait l'intimité douce et paisible dont ils avaient joui jusque-là? Ce voyageur désœuvré, dont l'ennui sans doute formait l'unique occupation, ne troublerait-il pas leur bonheur? A ces paroles de Spiegel, Édith et Muller se prenaient à sourire, et ils essayaient de démontrer à leur ami tout le néant de ses craintes ; mais, comme s'il eût pressenti dans l'inconnu un rival, un ennemi qui devait le séparer de Muller, Spiegel ne négligeait aucune occasion de l'attaquer.

— Le fait est, disait parfois Muller, qu'il ne se connaît guère en musique.

Cependant plusieurs mois s'étaient écoulés ; l'étranger n'avait pas reparu, et son souvenir ne revenait plus qu'à de longs intervalles dans les entretiens du ménage. Spiegel avait presque oublié ses craintes jalouses. Nos artistes vivaient comme par le passé : c'était toujours la même existence laborieuse, modeste et paisible, lorsqu'un événement impossible à prévoir vint en briser l'uniformité.

Un matin, Spiegel, sorti de bonne heure pour donner ses leçons, rentra plus tôt que d'habitude. Tremblant, pâle, éperdu, la figure toute bouleversée. il se précipita comme une trombe dans le salon où étaient réunis Muller, Édith et les enfants. Il sauta au cou de Franz, embrassa Édith, pressa tour à tour les enfants dans ses bras, puis se mit à cabrioler sur le tapis ; il riait, il pleurait, il était fou.

— Qu'y a-t-il ? que se passe-t-il ? disait Muller, qui courait après lui et s'efforçait de le calmer.

— Qu'avez-vous, mon ami ? demandait Édith effrayée.

Hermann et Marguerite, qui n'avaient jamais vu leur bon ami dans un pareil état, le regardaient d'un air ébahi.

— Lisez, dit enfin Spiegel en tendant à Muller, à Édith, un journal qu'il avait tiré de sa poche.

Et du doigt il leur désignait le passage qu'ils devaient lire. Muller prit le journal et lut à haute voix :

« On nous écrit de Muhlstadt que la mort et le testament du comte d'Hildesheim ont mis en émoi toute la ville et les environs. Le comte Sigismond d'Hildesheim, possesseur d'une immense fortune, dont l'humeur excentrique avait plus d'une fois alarmé sa famille, vient de couronner dignement sa vie singulière. Il a légué ses nombreux et magnifiques domaines à un musicien de Munich. On se perd en conjectures pour expliquer cette incroyable munificence. Les revenus du domaine d'Hildesheim ne vont pas à moins de cent mille florins. L'heureux légataire s'appelle Franz Muller. »

En achevant cette lecture, Muller pâlit; mais bientôt reprenant possession de lui-même :

— Quelle folie ! s'écria-t-il en regardant Édith, qui déjà rougissait de plaisir ; c'est une des mille billevesées dont les journaux remplissent chaque jour leurs colonnes pour amuser les badauds. A quel propos le comte Sigismond m'aurait-il laissé tout son bien? Où m'aurait-il connu? Pour la première fois je viens de prononcer son nom; et, si je ne savais qu'il est mort, j'ignorerais qu'il eût existé.

— Parbleu ! s'écria Spiegel, comment aurais-tu su son nom, puisque tu n'as pas eu le bon sens de le lui demander?

— Que veux-tu dire? demanda Muller.

— Je veux dire, répliqua Spiegel, que le visiteur de l'an passé n'était autre que le comte Sigismond d'Hildesheim.

— Quelle folie ! répéta Franz.

— Est-il vraisemblable, dit à son tour Édith, que pour un air tyrolien qu'il m'a fait répéter, et que j'ai chanté de mon mieux, j'en conviens?...

— Pour une sonate dont je l'ai régalé?... ajouta

Muller interrompant sa femme ; la plus belle, il est vrai, que j'aie jamais écrite...

— Moi, je vous dis, s'écria Spiegel interrompant Muller, que l'étranger de l'an passé était le comte Sigismond d'Hildesheim.

Spiegel achevait ces paroles, quand le facteur entra tenant une lettre énorme, scellée de cinq cachets.

— C'est le timbre de Muhlstadt! s'écria Spiegel, qui avait pris la lettre des mains du facteur ; nous allons savoir si cette nouvelle est une billevesée, comme tu le disais tout à l'heure. Vois, c'est le timbre de Muhlstadt! Ouvre et lis.

— Mon compliment, monsieur Muller! dit d'un air bête le facteur, instruit déjà des bruits qui couraient dans la ville.

Franz lui donna quelques florins, puis d'une main fiévreuse il brisa les cinq cachets et tira d'une enveloppe, faite d'un papier qui pouvait à bon droit passer pour du carton, un cahier de format in-quarto, dont tous les feuillets, ornés des armoiries du fisc, étaient réunis par un ruban bleu de la plus gracieuse apparence.

A ce cahier était jointe une épître de maître Gottlieb Kauffmann, que Muller lut d'une voix tremblante.

« Monsieur,

» Dieu est juste, et le génie, comme la vertu, ne saurait manquer tôt ou tard d'être récompensé. Le comte Sigismond, digne appréciateur du talent, vous a choisi pour son légataire universel. Vous trouverez ci-jointe une copie littérale et complète du testament olographe que ce noble seigneur avait déposé entre mes mains quelques semaines avant de mourir. Le comte Sigismond a voulu faire pour vous ce qu'Auguste et Mécène ont fait autrefois pour Horace et pour Virgile. A dater de ce jour, le beau domaine d'Hildesheim vous appartient. Le comte ne vous a pas seulement légué son domaine, il vous a légué aussi sa famille, une famille charmante, dont la société ne saurait manquer de vous plaire. Vous verrez, dans le testament que je vous envoie, que vous devez passer au château d'Hildesheim neuf mois de l'année. Cette obligation, j'en ai l'assurance, vous sera bien douce : vous trouverez dans mesdemoiselles de Stolzenfels, dans le major Bildmann, dans madame Bildmann, une aménité de caractère, une égalité d'humeur qui feront pour vous du château d'Hildesheim un séjour enchanté. Rien ne vous manquera; vous mènerez là une vie de patriarche. Je suis depuis trente ans le notaire de la famille d'Hildesheim, et j'ose espérer, monsieur, que vous voudrez bien m'honorer de votre clientèle.

» Agréez, monsieur, l'assurance de mon respect et de ma profonde admiration. »

— Est-ce un rêve? s'écria Muller.

Et d'un œil avide il parcourut le testament.

— Est-ce un rêve? répéta-t-il d'une voix presque défaillante.

Il se jeta dans les bras d'Édith, et tous deux, pendant quelques instants, confondirent leurs larmes et leurs embrassements. Spiegel, adossé contre le marbre de la cheminée, demeurait silencieux et les contemplait avec tristesse.

— Eh bien, mon ami, lui dit enfin Édith, vous si joyeux tout à l'heure, pourquoi ne plus vous réjouir avec nous? N'avez-vous pas votre part dans l'héritage? N'êtes-vous pas de moitié dans notre bonheur? Rien n'est changé; il n'y a de moins entre nous que la pauvreté.

— Plus de leçons! plus de cachets! s'écria Muller avec enthousiasme. Le monde nous appartient, nous sommes les rois de la terre! Tu feras des tableaux, j'écrirai des symphonies, des opéras; nous remplirons l'Allemagne de notre gloire. La gloire! y penses-tu, Spiegel? Ce fantôme brillant qui fuyait devant nous, enfin nous allons le saisir. Quelle existence nous attend! quelle vie enchantée ne sera pas la nôtre! Nos heures se partageront entre l'étude et le plaisir. Quand nous serons las du travail, nous visiterons nos domaines, nous aurons des chasses royales. Bénie soit à jamais la mémoire du comte Sigismond! Béni soit le jour où cet hôte généreux a franchi le seuil de ma porte!

Spiegel ne soufflait mot.

Un bruit confus se fit entendre dans la cour : c'étaient les voisins, les amis, les confrères de Muller qui venaient le complimenter ; car déjà la nouvelle, apportée par le journal, avait fait le tour de la ville. A un signal donné, la porte s'ouvrit et démasqua un orchestre menaçant : trompettes, clarinettes, bassons, fifres, cymbales, triangles, chapeau chinois et grosse caisse. Alors commença une formidable sérénade. Bientôt, la cour se trouvant trop petite, la foule déborda et fit invasion dans l'appartement. Je laisse à deviner les embrassements, les accolades, les serrements de mains. Édith mit à la disposition des exécutants quelques douzaines de pots de bière. Muller retint à souper une vingtaine d'amis; tandis qu'Édith les entretenait, il courut en toute hâte chez le meilleur traiteur de la ville pour ordonner un banquet somptueux. Gibier, poisson, vins de France et d'Espagne, rien ne lui parut trop délicat ou trop dispendieux. Il ordonna un menu qui eût fait honneur au maître d'hôtel d'un prince ou d'un banquier. Le souper fut gai; les convives mangèrent avec appétit et burent copieusement à la santé du légataire. Vers minuit, après avoir vidé maints flacons, on se sépara.

A peine les amis de Franz avaient-ils franchi le seuil de la porte, à peine se trouvaient-ils dans la rue silencieuse qu'ils se divisèrent par groupes et la conversation s'engagea sur l'événement de la journée.

— Il y a des gens qui ont de la chance, disait un vieux musicien, professeur de violon, qui depuis vingt ans courait le cachet. Ces Muller ont toujours été pour nous de bons, d'excellents camarades, et je suis charmé, pour ma part, du bonheur qui leur arrive; seulement, comprend-on qu'une telle fortune tombe en de pareilles mains? Entre nous, entre gens du métier, qu'est-ce que ce Muller, je vous prie?

— Un petit croque-note, un homme sans talent,

reprenait un ami à qui Muller avait plus d'une fois ouvert sa bourse. Au fond, c'est un assez bon diable; mais il est heureux pour lui que le hasard soit venu à son aide, car, à coup sûr, son génie ne l'eût jamais enrichi.

— Avez-vous vu, reprit une femme qui n'était plus jeune et qui n'avait jamais été belle, le ton de princesse que se donnait cette petite Édith? La fortune leur est venue ce matin, et déjà ce soir ils font les grands seigneurs. Si ce n'est pas une pitié!

— Quel luxe insolent! disait un convive qui s'était distingué entre tous par sa soif et sa gloutonnerie. Les mets les plus fins, les vins les plus exquis, des vins de France et d'Espagne! Ne dirait-on pas qu'ils veulent se venger d'avoir mangé de la choucroute et bu de la bière toute leur vie?

— Bientôt sans doute, ajoutait un cinquième interlocuteur, ils se promèneront en carrosse, ils nous éclabousseront.

— Le mérite à pied, la sottise en voiture, ainsi va le monde, répliquait le vieux musicien.

Ainsi causant, ces amis tendres et dévoués regagnèrent leur gîte; en se mettant au lit, ils avaient dit tant de mal de Muller, qu'ils étaient presque consolés de son bonheur.

Restés seuls avec Spiegel, Muller et Édith, qui n'étaient pas pressés de dormir, s'entretenaient avec délices, sans se préoccuper de l'heure avancée. Ils mêlaient Spiegel à tous leurs projets; il n'entrait pas dans leur pensée qu'il pût songer à ne pas les suivre. Spiegel les laissait parler et les écoutait en silence. Édith et Muller ne se lassaient pas de rappeler les détails les plus minutieux, les circonstances les plus insignifiantes de la visite du comte Sigismond; car, il n'était plus permis d'en douter, le testateur généreux qui avait choisi Muller pour légataire universel n'était, ne pouvait être que le mystérieux visiteur.

— Qui jamais eût deviné, disait Édith, que cet air tyrolien appris dans nos montagnes, cet air si simple et si naïf que je chantais pour te distraire, nous vaudrait un jour l'opulence?

— Qui nous eût dit, ajoutait Muller comme se parlant à lui-même, qu'une sonate composée pour mes élèves et qu'il paraissait avoir écoutée avec tant d'indifférence, nous vaudrait de sa part un si riche présent? Et moi qui l'accusais d'ignorance! moi qui le soupçonnais de ne rien entendre à mon art! C'était un homme de goût, c'était un profond connaisseur.

— Mais, mon ami, reprit Édith, quand il est entré, tu ne jouais pas ta sonate et je chantais l'air tyrolien.

— Ne vas-tu pas croire, répliqua vivement Muller, qu'une chanson tyrolienne ait suffi pour décider le comte Sigismond à nous laisser le château et le domaine d'Hildesheim?

— Et pourquoi, poursuivit Édith, ne le croirais-je pas? ne l'ai-je pas vu ému, attendri jusqu'aux larmes pendant que je chantais?

— Allons, reprit Muller, un domaine, un château pour une chanson tyrolienne! tu n'as pas perdu ta soirée. Sans doute la chanson n'a fait que la moitié du prodige, le son de ta voix aura fait le reste. N'oublie pas pourtant que le testament du comte Sigismond s'explique assez clairement à mon égard. C'est pour me donner du loisir, c'est pour me permettre de me livrer en toute liberté à mes inspirations que le comte me lègue la fortune de ses ancêtres.

— A ton tour, répondit Édith, tu oublies, mon ami, qu'il te prescrit, par une disposition expresse, de graver sur son tombeau l'air que je chantais quand il est entré chez nous.

— Rappelle-toi son attitude tandis que j'étais au clavecin. Il se taisait, parce qu'il avait besoin de se recueillir; il se taisait, mais il admirait en silence. Je m'explique à cette heure l'expression de son noble visage : il s'étonnait, il s'indignait tout bas que l'auteur d'un pareil morceau fût obscur et réduit à donner des leçons pour vivre.

— Sans doute, répliqua Édith ; mais, au moment de se retirer, il a demandé une copie de l'air tyrolien que j'avais chanté.

Spiégel, témoin muet de ce petit débat domestique, les écoutait en souriant.

—Enfants, leur dit-il, rien jusqu'ici n'avait pu troubler la concorde et l'union de votre ménage ; il était réservé à la richesse d'éveiller en vous la jalousie et la vanité ; car, prenez-y garde, depuis quelques instants la jalousie et la vanité rôdent autour de votre cœur. Es-tu fou, mon ami ? pourquoi la voix de notre Édith n'aurait-elle pas attendri jusqu'au fond de l'âme le comte Sigismond et réveillé en lui quelque cher souvenir ? Et vous, Édith, pourquoi voulez-vous qu'il ait entendu sans admiration la sonate qui nous a tant de fois charmés ? pourquoi, en l'écoutant, n'aurait-il pas deviné le génie de notre cher Muller ? Vous avez été de moitié dans l'attendrissement, soyez de moitié dans la récompense, et qu'il vous soit doux de penser que chacun de vous doit à l'autre la richesse que le Ciel vous envoie.

A ces mots, Édith se suspendit au cou de Franz.

— Spiegel a raison, dit-elle, c'est ta sonate qui nous a enrichis.

— Non, dit Muller en pressant sa femme sur son cœur, non, c'est la mélodie que tu chantais, c'est le charme de ta voix, mon Édith.

— C'est l'air tyrolien, c'est votre voix, c'est ta sonate, s'écria Spiegel en riant; croyez bien aussi, ajouta-t-il avec gravité, croyez que le tableau de votre vie honnête et laborieuse, la grâce et la beauté de vos enfants, le spectacle de vos douces joies, ont été pour quelque chose dans l'attendrissement de votre hôte, dans la générosité de votre bienfaiteur.

— Eh bien, dit Muller à Spiegel, es-tu revenu de tes préventions contre ce voyageur oisif? nous gronderas-tu encore pour avoir accueilli ce visiteur indiscret? Reconnais-tu maintenant que tes appréhensions étaient folles, et que tu t'alarmais à tort?

— J'avais tort et raison tout à la fois, répliqua tristement Spiegel. J'avais tort, puisque le comte Sigismond devait combler vos vœux les plus chers; j'avais raison, cher Franz, chère Édith, puisqu'il devait nous séparer.

— Nous séparer! pourquoi? s'écrièrent en même temps Édith et Muller étonnés.

— Ne venez-vous pas avec nous? dit la jeune femme d'une voix tremblante.

— Qu'est-ce que cela signifie? demanda Muller d'un ton brusque.

— Tenez, mes amis, leur dit-il, je me connais. J'ai vécu heureux près de vous au sein de la médiocrité; je vous aime, vous le savez; je vous aime d'une affection vive et profonde. Franz, je suis ton frère; Édith, vous êtes ma sœur. Vos enfants sont ma joie. J'étais seul, vous m'avez créé une famille. Je vous aime; je n'aime que vous, et pourtant je ne vous suivrai pas.

— Allez, reprit Édith, vous ne nous aimez pas; nous avez-vous jamais aimés?

— Voilà bien les amis! s'écria Muller; ils pardonnent moins volontiers à notre prospérité qu'à notre mauvaise fortune. Le bonheur, mieux que l'adversité, est le creuset des affections humaines.

— Est-ce à moi que vous parlez ainsi? répliqua Spiegel d'un ton de doux reproche; ma vie tout entière est là pour vous répondre. Ingrats, je vous défie de douter de mon cœur. Je vous l'ai dit, je me connais; vous aussi, vous me connaissez. Je me plais à croire que là-bas rien ne vous manquera; Dieu me garde de vouloir assombrir la perspective de votre félicité!

Quant à moi, je hais les relations nouvelles; j'ai peur des visages nouveaux.

— Qu'entends-tu par là? répliqua vertement Muller; veux-tu parler de la famille du comte Sigismond d'Hildesheim? Une famille charmante, la lettre du notaire et le testament du comte en font foi. Tu serais bien à plaindre, n'est-ce pas, de vivre sous le même toit que le major Bildmann et les demoiselles de Stolzenfels? Ce ne sont pas, à ton avis, gens assez comme il faut ni d'assez haute volée?

— Je ne dis pas cela.

— D'ailleurs, qui t'obligerait à les voir? Là-bas, comme ici, ne serais-tu pas maître chez toi?

— Que veux-tu, mon ami! reprit tranquillement Spiegel. La vie de château n'est pas mon fait. Vivez selon vos goûts et laissez-moi vivre à ma guise. Nous n'en serons pas moins amis; je réponds à la fois de mon cœur et du vôtre.

Vainement Edith et Muller redoublèrent leurs instances; vainement ils revinrent à la charge le lendemain et les jours suivants, Spiegel demeura sourd à toutes les prières et persista dans sa résolution.

Franz avait pris congé de ses élèves en leur annonçant officiellement l'héritage qui lui était échu.

Les revenus d'Hildesheim ne montaient pas à cent mille florins, comme l'avaient dit les journaux de Munich, mais à quarante mille, ce qui représentait encore une assez jolie somme. Le domaine était franc d'hypothèques; point de dettes à la succession. Après avoir rempli les formalités exigées par la loi, Muller s'occupa, sans plus tarder, des préparatifs de son départ. Pour suffire à tout, il venait de contracter un petit emprunt à un taux passablement usuraire; mais les héritiers n'y regardent pas de si près, et il s'agissait pour Muller, pour Édith, de faire bonne figure en arrivant à Hildesheim. Les plus riches magasins de la ville furent mis à contribution. Bien qu'il eût désormais des terres et un château, Franz, de concert avec Édith, avait résolu de garder son appartement et se réservait d'acheter plus tard la maison pour l'offrir à Spiegel.

— Puisque tu es décidé à ne pas nous suivre, lui dit-il, c'est nous qui reviendrons te retrouver. Dans neuf mois, nous serons réunis ici, sous ce toit où nous avons passé tant de bonnes, tant d'heureuses journées. Peut-être alors, quand nous repartirons, consentiras-tu à venir avec nous.

La veille du jour fixé pour le départ, comme il était occupé, en présence de Spiegel, à brûler les papiers qu'il ne voulait pas emporter, l'unique symphonie qu'il eût trouvé le temps d'écrire lui tomba sous la main. Du bout du doigt, il feuilleta la partition, la parcourut d'un œil distrait, avec un sourire de dédain, et il se disposait à la jeter au feu, quand Spiegel, par un mouvement rapide, le retint et l'en empêcha.

— Qu'allais-tu faire, malheureux ! s'écria-t-il en s'emparant de la symphonie; c'est l'œuvre de ta jeunesse, c'est le chant printanier de nos belles années. Quelque imparfaites que soient ces mélodies, sais-tu si tu retrouveras jamais la grâce et la fraîcheur de l'inspiration qui te les a dictées?

— Bah ! répondit Muller, ce n'est qu'une ébauche, un essai; maintenant que j'ai la richesse, c'est-à-dire le loisir et la liberté, je dois à la mémoire du comte Sigismond, je me dois à moi-même de donner toute ma mesure en débutant par un coup de maître.

— Cette ambition est louable, reprit Spiegel; pourtant sachons respecter les œuvres de notre jeunesse. C'est là que nous mettons ce qu'il y a de meilleur en nous, c'est là que nous effeuillons la virginité de notre âme. Vois-tu, Muller, il y a deux choses qu'il ne faut jamais outrager, de quelques défauts que l'une soit entachée, de quelques douleurs que l'autre nous ait abreuvés : l'une est notre première œuvre, l'autre est notre premier amour. Tu écriras des partitions plus savantes; mais l'inexpérience et la naïveté ont un charme que l'art ne saurait effacer. Laisse-moi cette symphonie, puisque tu ne veux pas l'emporter; j'en redirai souvent les morceaux pour égayer ma solitude.

Le lendemain, au soleil levant, une chaise de poste attelée de quatre chevaux entrait dans la cour. Les enfants étaient déjà sur pied, battant des mains, sautant de joie à l'idée d'aller en voiture. Spiegel les prit dans ses bras, les couvrit de baisers, et sentit une larme rouler sous sa paupière, en songeant que la maison qu'ils remplissaient de leur gazouillement serait désormais comme une cage vide. Ce fut le seul mouvement de faiblesse qu'il laissa voir au moment des adieux. Sans être dépourvu de sensibilité, Spiegel était un de ces hommes qui ne se montrent jamais plus froids que lorsqu'ils sont profondément émus. Chez lui, tout se passait à l'intérieur, le fond du lac pouvait être agité sans qu'une ride parût à la surface. Il redoutait par-dessus tout les scènes d'attendrissement. Après avoir embrassé cordialement Franz et Édith, les voyant près de fondre en pleurs, il les poussa dans la chaise, ferma brusquement la portière, donna le signal du départ, et alla s'enfermer dans son atelier.

Quelques jours avant de se mettre en route, Muller avait écrit à l'intendant d'Hildesheim pour lui annoncer son arrivée et lui donner ses instructions : il voulait une réception modeste et défendait qu'on se mît en frais.

VI

Le voyage fut une suite de rêves enchantés. La saison était belle. Hermann et Marguerite, la tête à la portière, suivaient d'un œil curieux le galop des chevaux, ou se montraient l'un à l'autre les accidents du paysage. Édith et Muller s'entretenaient de leurs projets, de leurs espérances ; ils arrangeaient leur vie, ils arrêtaient l'emploi de leurs journées ; ils essayaient de deviner le parc, le château qu'ils allaient habiter. Comme ils n'avaient jamais séjourné dans une demeure seigneuriale, ne sachant où se prendre, n'ayant aucun point de départ, ils donnaient pleine carrière à leur imagination. Muller ne pouvant, à cet égard, consulter que ses lectures, se figurait des cascades merveilleuses, pareilles à celles de Tivoli, de Caserta ou bien d'Unterlaken ; Édith, plus modeste dans ses goûts, rêvait une laiterie telle que celle de Marie-Antoinette à Trianon. Elle voyait déjà rangés autour d'elle, dans une attitude respectueuse et empressée, les métayers, qui n'attendaient qu'un signe de sa main pour lui obéir. Les chèvres tachées de noir, les brebis à l'épaisse toison, les blanches génisses, les taureaux bondissants, se jouaient dans les prés; elle était reine, reine absolue de ce petit empire. En rentrant au château, elle trouvait sur le seuil ou dans une avenue du parc les Bildmann ou les Stolzenfels, qui la saluaient au passage. Édith et Muller se promettaient bien d'être affables et prévenants pour les hôtes que leur avait donnés la volonté du comte Sigismond; ils voulaient se faire pardonner, à force de bontés, la fortune inattendue que le Ciel leur avait envoyée.

Muller se demandait déjà de quel sujet il pourrait entretenir sans ennui le major Bildmann. Il fouillait dans sa mémoire, furetait dans ses souvenirs pour découvrir quelques vieux récits de batailles, car il croyait naïvement que la guerre avait été jusque-là l'unique souci du major.

Édith pensait aux demoiselles de Stolzenfels et se flattait de gagner leur amitié par sa déférence; elle se proposait de les consulter sur l'administration de la maison, d'invoquer leur expérience, de les mettre de moitié dans toutes les réformes, dans toutes les améliorations qu'ils seraient sans doute obligés de réaliser.

L'éducation de leurs enfants formait leur plus douce préoccupation. Muller se disait avec orgueil qu'Hermann ne devait pas seulement compter sur son travail, sur sa persévérance, pour prétendre aux plus hautes destinées; Hermann, comme l'avait dit Spiegel, pouvait compter aussi sur les ressources que la fortune allait lui offrir. L'armée, la magistrature lui ouvraient leurs rangs. Muller, avec un imperturbable sérieux, interrogeait sa femme sur le parti qu'il devait prendre à l'égard de son fils. Il était plein de respect pour la loi, pour la magistrature, pour le barreau; mais la profession des armes lui semblait plus grande, plus noble, plus poétique. Après mûre délibération, il se décidait à faire d'Hermann un feld-maréchal. Hermann avait cinq ans: dans deux ans il commencerait, sans plus tarder, l'étude de l'escrime et de l'équitation. Édith eût préféré faire d'Hermann un conseiller aulique. — Non, répondait Muller, il sera feld-maréchal. Édith ne rêvait pas pour Marguerite de moindres destinées. Musique, dessin, langues modernes, Marguerite ne devait rien ignorer; elle devait danser comme un sylphe, gouverner un cheval comme une amazone, chanter comme une fauvette, et quand elle réunirait tous les talents, toutes les perfections qu'on peut souhaiter à la fille d'un roi, il faudrait que l'aristocratie des environs fût bien sotte, bien malavisée, pour ne pas demander à l'envi la main de Marguerite.

Dans l'ivresse de leur bonheur, Spiegel n'était pas oublié : Spiegel manquait à leur joie.

— S'il nous aimait, disait un soir Édith avec tristesse, il n'eût pas refusé de nous suivre.

— Tu ne le connais pas, répliquait Muller. Spiegel nous aime, il n'a jamais aimé que nous; mais c'est un esprit ombrageux, un caractère indépendant, que la moindre idée de sujétion suffit pour effaroucher. Il a sur toutes choses des idées singulières : ainsi, je me souviens de lui avoir entendu dire que la richesse peut être un joug plus lourd à porter que la pauvreté. Quoi qu'il en soit, je l'enrichirai malgré lui; il ne se doute guère de la destinée que je lui prépare.

— Bien, Franz, bien ! s'écria Édith ; je souffrirais de notre prospérité, si notre ami ne s'en ressentait pas.

— Sois tranquille, il s'en ressentira, répondit Muller d'un ton protecteur, avec un secret sentiment d'orgueil. Je vais d'abord acquérir en son nom la petite maison que nous avons habité ensemble. Dès qu'il n'aura plus de terme à payer, il sera là comme un monarque. Ce n'est pas tout : j'achèterai ses tableaux, je couvrirai d'or ses moindres ébauches. Je ferai pour lui ce qu'a fait pour moi le comte d'Hildesheim ; il ne sera plus obligé de donner des leçons ; j'affranchirai son génie, je lui frayerai le chemin de la gloire.

— C'est bien, Franz, c'est bien ! s'écria Édith en lui sautant au cou.

— Notre musée, reprit Muller, ne se composera que des toiles de notre ami ; ce sera le musée Spiegel. J'ai déjà plusieurs tableaux à lui commander, entre autres celui-ci : Le comte Sigismond assis auprès de toi, tandis que j'exécute ma sonate.

— Mon ami, ajouta Édith, il me semble que le comte Sigismond assis auprès de toi, tandis que je chante l'air tyrolien, n'est pas un sujet moins gracieux, moins digne d'inspirer le pinceau de Spiegel.

— Sans doute, sans doute, repartit Muller ; Spiegel éternisera les moindres épisodes de cette soirée mémorable. Je veux qu'avant cinq ans il ressuscite le génie et mène la vie somptueuse de Van Dyck et de Rubens.

Cependant, à mesure qu'ils approchaient du terme

de leur voyage, Édith et Muller demandaient d'un œil inquiet leur château à tous les points de l'horizon Vers la fin de la troisième journée, comme le soleil se couchait, le postillon se retourna brusquement sur sa selle, et, montrant du bout de son fouet un massif de tours et de tourelles dont les créneaux se dessinaient sur le bleu du ciel :

— Voici, dit-il, le château d'Hildesheim.

Ce qu'Édith et Franz éprouvèrent en entendant ces mots, on se le figure aisément. Voici le château d'Hildesheim ! Pour eux ces trois mots voulaient dire : Voici vos biens, votre propriété, vos domaines ! Ces tours, ces bastions sont à vous ; à vous ces champs, à vous ces prés, à vous ces bois ! C'est là que vous allez régner en maîtres ! Trompé par les feux du couchant, Muller croyait à une illumination ; abusé par le cornet à bouquin des pâtres, il se berçait de l'espoir d'une sérénade rustique. Affectant la mauvaise humeur d'un prince trahi dans son incognito :

— J'avais recommandé, dit-il, qu'on ne se mît pas en frais pour moi ; je voulais une réception modeste.

— Résignons-nous, mon ami, répliqua Édith, qui ne cherchait pas à dissimuler sa joie ; c'est nous, en fin de compte, qui payerons les musettes.

Le domaine du comte Sigismond était situé sur le

penchant d'une colline, si bien qu'on le découvrait sans peine à la distance de plusieurs lieues. Quand les voyageurs arrivèrent, il faisait déjà nuit close.

Muller avait recommandé qu'on lui préparât une réception modeste; pourtant, malgré la précision des ordres qu'il avait expédiés, il s'étonnait de ne voir personne venir au-devant de lui. Il approchait des murs du château, et pas un serviteur ne se présentait; pas un lampion sur les murailles, pas une torche dans les sombres allées du parc. Décidément, l'intendant d'Hildesheim, dans son zèle exagéré, s'était mépris sur les véritables intentions du légataire.

Enfin la chaise s'arrêta devant une porte cochère que décoraient des bois de cerfs, des têtes de loups, des hures de sangliers. Le postillon qui, depuis un quart d'heure, faisait inutilement claquer son fouet, prit en main le cor suspendu à sa ceinture et se mit à sonner une fanfare. Pas une lumière ne se montrait aux fenêtres, pas une voix ne répondait : silence complet, obscurité complète. Le postillon sonnait à pleins poumons, comme Roland dans la retraite de Roncevaux. Au bout d'une demi-heure, une lumière tremblotante traversa le dernier étage, et bientôt un pas lourd retentit dans la cour, accompagné du bruit d'un trousseau de clefs.

Au moment où la clef criait dans la serrure, Muller entendit distinctement ces paroles bienveillantes :

— Venir à pareille heure! réveiller en sursaut les honnêtes gens! les troubler dans leur premier somme! Maudit soit l'infernal visiteur qui s'annonce d'une façon si bruyante!

La porte tourna sur ses gonds, et Muller vit paraître la figure maussade et à demi endormie de Wurm, en possession depuis vingt ans de la charge d'intendant du château d'Hildesheim. Wurm était vêtu d'une robe de chambre à ramage, sa tête était couverte d'un bonnet fixé sur le front par un ruban de couleur écarlate. Il plongea dans la chaise de poste un regard irrité, et s'adressant aux voyageurs d'une voix brève :

— Qui êtes-vous? que venez-vous faire à cette heure? qu'y a-t-il pour votre service?

— Je suis, répondit Muller, de plus en plus étonné de cet étrange accueil, le légataire universel du comte Sigismond d'Hildesheim. Ce que je veux, mon digne monsieur? entrer dans ce château, qui m'appartient. Ce qu'il y a pour mon service? vous allez le savoir. Conduisez-moi à l'appartement qui doit être préparé pour ma femme et pour mes enfants.

Wurm, baissant la tête, comprit un peu tard qu'il

avait fait un pas de clerc. Il se hâta du mieux qu'il put de réveiller les serviteurs, et, tout en conduisant Muller à l'escalier d'honneur, il murmurait entre ses dents :

— Bien ! bien ! c'est le musicien ; qui pouvait l'attendre à pareille heure ? Il introduisit ses nouveaux maîtres dans un appartement composé de plusieurs salles immenses, mais presque nues ; du vivant même du comte Sigismond, les Bildmann et les Stolzenfels, profitant de ses distractions et de ses fréquentes absences, avaient dévalisé à qui mieux mieux le corps de bâtiment qu'il s'était réservé. Wurm, après avoir promené Muller, Édith et les enfants dans les différentes pièces du vaste logis qu'ils devaient occuper, les ramena dans le salon, alluma deux candélabres placés sur la cheminée, et se retira en demandant à Franz ses ordres pour le lendemain.

— Mon ami, dit Édith à Muller dès qu'ils furent seuls, tu voulais une réception à peu de frais ; tu dois être content, tu es servi à souhait.

— Ma foi ! répliqua Muller, décidé à trouver tout bien, à tout admirer, à voir tout en beau, je déclare que cette réception ne me déplaît pas ; j'y vois une preuve éclatante de l'obéissance et de la soumission de mon intendant, maître Wurm. Et puis, j'aime, je dois l'avouer, cette façon toute modeste de prendre possession d'un magnifique domaine; c'est simple, c'est de bon goût, cela du moins n'humilie personne et ne sent pas son parvenu d'une lieue. Édith, nous aurons montré, dès le soir de notre arrivée, que nous ne sommes pas de petites gens. N'aurais-tu pas voulu qu'on tirât pour nous un feu d'artifice et qu'on me haranguât sous un dais de feuillage, comme un seigneur d'opéra-comique ?

— Non, sans doute, répondit Édith; je conviens pourtant qu'il m'eût été doux de me voir accueillie par madame Bildmann et les demoiselles de Stolzenfels.

— Rappelle-toi, s'écria Muller, la lettre du notaire de Muhlstadt; on mène ici une vie de patriarches, et les patriarches n'avaient pas, comme nous, la mauvaise habitude de se coucher tard. Sois juste; devait-on nous attendre à cette heure? Que c'est beau ! que c'est grand ! que c'est riche ! ajouta-t-il en promenant autour de lui ses regards émerveillés; voilà ce qui s'appelle un appartement seigneurial !

— Il n'y manque guère que des meubles, reprit Édith en souriant.

— Ne vois-tu pas, repartit Franz, que c'est à la

mode orientale? Chez eux, les Turcs ne se meublent pas autrement. J'aime cela, moi, il me faut de l'air, de l'espace. Je hais les appartements qui ressemblent aux boutiques de bric-à-brac, aux magasins de curiosités.

En parlant ainsi, Muller avait ouvert une fenêtre : Édith ne put retenir un cri d'enthousiasme et de joie en voyant le spectacle qui se déroulait sous ses yeux. La nuit était claire; la lune, radieuse, répandait sur un parc immense, océan de verdure, sa molle et tranquille clarté. Une brume argentée, transparente, enveloppait, sans le cacher, le feuillage, où soupiraient les brises de la nuit. Ce n'étaient que parfums, frais murmures, petits cris des oiseaux qui se caressaient dans leurs nids. Les tours du château se détachaient vigoureusement sur l'azur étoilé, et couvraient de leurs grandes ombres les pelouses embaumées. On entendait au loin le babil d'un ruisseau qui jasait avec les cailloux de son lit. Édith et Muller étaient plongés depuis quelques instants dans une douce extase, quand tout à coup trois chauves-souris de la plus belle espèce, attirées par la lumière, entrèrent dans le salon et balayèrent les lambris de leurs ailes. Au bruit de ces hôtes inattendus, les enfants se mirent à crier.

— Je veux retourner chez nous, disait Hermann.

— Je veux revoir mon bon ami, disait Marguerite en pleurant.

Muller poursuivait les chauves-souris et s'efforçait de les chasser. Témoin de son acharnement, Édith ne put s'empêcher de rire, et Franz, se sentant ridicule, prit le parti de se fâcher. Enfin les chauves-souris sortirent, les enfants s'apaisèrent, et tout rentra dans le silence, à l'exception pourtant des girouettes rouillées qui criaient sur le toit, des chouettes qui poussaient de sinistres gémissements, et des volets mal attachés qui battaient contre les murailles. A cela près, la nuit fut paisible : Édith et Muller purent compter les heures à loisir, et quand le jour parut, ils n'avaient pas fermé l'œil.

Aux premiers rayons du soleil, nos deux amis oublièrent sans peine les petites contrariétés et les fâcheuses impressions de la veille. Ils étaient véritablement dans une habitation princière. Édith eût bien trouvé quelque chose à reprendre dans la distribution des appartements : au premier aspect, le château lui parut bien un peu sombre, un peu triste, un peu délabré ; mais Franz était dans une telle ivresse qu'elle n'osa pas hasarder la plus légère observation. Quant au parc, il te nait en plein jour toutes ses pro messes de la nuit. Jamais Édith n'avait rêvé de si beaux, de si vastes ombrages.

— Mon amie, dit Muller, avant toute chose il faut songer à visiter les hôtes avec qui nous devons vivre. Nous ne saurions montrer trop d'empressement et de déférence à la famille de notre bienfaiteur. Fais-toi brave et pimpante, afin qu'en nous voyant ils sachent, dès le premier jour, que le comte Sigismond n'a pas donné son bien à des aventuriers sans ressources.

La matinée fut employée en soins de toilette. Franz avait mis, en se levant, son plus beau gilet, sa plus belle cravate. Quand Édith se fut parée de ses plus riches atours, quand Hermann et Marguerite furent vêtus de leurs habits de fête, Muller députa Wurm aux demoiselles de Stolzenfels pour leur annoncer sa visite. Ulrique lui fit dire qu'elle le recevrait dans une heure. Muller profita de cette heure de répit pour passer en revue le régiment de ses serviteurs : ce fut Wurm qui les lui présenta. Franz leur adressa tout d'abord une petite allocution fort touchante et qui parut les toucher fort peu. Ensuite maître Wurm, les désignant tour à tour par leurs noms :

— Voici, dit-il, la femme de chambre de madame Bildmann et le valet de chambre du major. — Voici les servantes des demoiselles de Stolzenfels. — Voici le maître d'hôtel de l'aile droite du château. — Voici le cuisinier de l'aile gauche. — Voici la suivante de mademoiselle Ulrique. — Voici la suivante de mademoiselle Hedwig. — Voici la bonne du petit Isaac. — Voici le sommelier de M. Bildmann. — Voici le cocher de madame Dorothée. — Voici le chasseur des demoiselles. — Voici les palefreniers et les piqueurs de M. Frédéric.

— Mais, monsieur, s'écria Muller quand l'intendant fut au bout de son chapelet, au milieu de tout cela je ne vois pas mes gens.

— Vos gens ! dit Wurm avec stupeur.

— Sans doute, reprit Muller, les gens du comte Sigismond.

— Les gens du comte Sigismond ! répondit Wurm avec ingénuité, mais, monsieur, les voilà tous, je vous les ai tous nommés.

— Monsieur, répliqua Muller d'un ton sec, les gens du comte Sigismond sont les miens ; qu'ils s'occupent de mon service. C'est vous que cela regarde ; c'est vous que je rends responsable des infractions et des négligences dont je pourrais avoir à me plaindre.

Cela dit, Franz se retira.

— Ses gens ! grommela Wurm en haussant les

épaules; il faut des gens à ce musicien ! Le comte Sigismond s'en passait.

Sans rien dire de la scène étrange qui venait de se passer, Muller prit sa femme sous le bras, et tous deux, accompagnés d'Hermann et de Marguerite qu'ils tenaient par la main, se présentèrent, non sans émotion, chez les demoiselles de Stolzentels.

VII

Les deux vieilles filles étaient assises dans l'embrasure d'une fenêtre. En voyant entrer Édith et Muller, elles se levèrent à demi, se rassirent presque aussitôt, et leur montrèrent des siéges d'un geste plutôt dédaigneux que poli. Édith s'attendait à trouver deux figures souriantes ; à l'aspect de ces physionomies hautaines, elle se sentit glacée. Elle rougit, pâlit, balbutia. Quant à Muller, pénétré des devoirs qu'il avait à remplir, les regardant à peine, il leur récita de son mieux le compliment qu'il avait préparé.

— Mesdemoiselles, dit-il après s'être incliné à plusieurs reprises, le comte Sigismond, dans sa bonté inépuisable, ne m'a pas légué seulement son château et ses riches domaines ; à ce don royal et trop peu mérité, il a voulu ajouter un présent plus précieux encore. Il m'a légué sa famille, une famille charmante, dont vous êtes le plus bel ornement. Veuillez croire, mesdemoiselles, que je ne suis pas indigne d'une si haute confiance, et que je m'efforcerai de la justifier. Je veux, j'entends, j'exige que rien ne soit changé à la vie que vous meniez du vivant du comte d'Hildesheim; remplacer près de vous, près de votre neveu, ce noble parent, ce généreux seigneur, est désormais ma seule ambition.

A ces mots, Hedwig et Ulrique relevèrent brusquement la tête.

— Pourquoi, dit Ulrique, changerions-nous la vie que nous menions? Le comte Sigismond nous a laissé dans son testament ce qu'il nous avait donné de son vivant. Nous ne demandons rien; nous avons nos droits et n'élevons aucune prétention.

— Ce que le comte Sigismond nous avait accordé suffit à tous nos désirs, ajouta Hedwig en le prenant sur un ton moins haut, et nous savions d'avance que vous ne songiez pas à nous le disputer.

— Loin de vouloir toucher à vos prérogatives, je suis décidé à les confirmer, à les maintenir, à vous en offrir de nouvelles au besoin, répondit Muller avec empressement.

— Nous avons des goûts simples, reprit Hedwig sans lever les yeux ; Dieu sait que nous ne sommes venues chercher sous le toit d'Hildesheim ni le faste ni l'opulence. Le comte Sigismond avait mis à notre disposition ses gens et son carrosse.

— Comme par le passé, mesdemoiselles, répliqua Muller avec courtoisie, vous voudrez bien disposer du carrosse et des gens du comte Sigismond.

— Nous recherchons la solitude, poursuivit Hedwig, nous aimons le silence et le recueillement. Avec l'agrément du comte Sigismond, nous avons entouré d'une haie vive un petit coin du parc, deux ou trois arpents tout au plus. Nous ne renoncerions pas sans douleur, je l'avoue, à la jouissance de ce modeste enclos où nous allons rêver le soir.

— Et pourquoi donc y renonceriez-vous ? s'écria Muller ; je connais mes devoirs, je saurai les remplir, trop heureux si je réussis à me concilier votre bienveillance. Notre désir le plus cher, notre vœu le plus ardent est de vivre ici, au milieu de vous, avec vous, comme si nous ne formions tous qu'une seule famille.

— Vous me permettrez de vous voir souvent, mesdemoiselles, dit enfin Édith d'une voix tremblante.

Je profiterai, si vous le voulez bien, de vos excellents conseils.

— Depuis, longtemps, madame, répondit Ulrique, nous vivons retirées du monde, uniquement occupées du soin de notre salut. Vous ne trouverez auprès de nous aucune des distractions de votre âge ; quant à nos conseils, nous sommes convaincues que vous n'en avez pas besoin.

A ces mots, Édith jeta sur son mari un regard de détresse ; elle eût voulu sentir le parquet s'abîmer sous ses pieds. Sans se laisser décourager, Muller essaya d'amener la conversation sur la beauté de la journée, sur la magnificence du parc, sur les chasses de Frédéric, sur l'ordre admirable que ses tantes avaient su introduire dans l'administration de ce splendide domaine. Tandis qu'il parlait, Ulrique brodait au tambour, Hedwig parfilait ; toutes deux paraissaient ne plus s'apercevoir de sa présence. Muller cherchait en vain comment il pourrait délier leurs langues, quand tout à coup un épouvantable vacarme se fit entendre. Hermann, qui jouait avec un gros chat noir, ayant voulu le retenir de force sur ses genoux, le chat bondit. Hermann se mit à sa poursuite et renversa, en trébuchant, un plateau couvert de porcelaines du Japon. Ce fut pendant

quelques instants une scène de colère et de confusion
impossible à décrire. Au bruit de la porcelaine qui
volait en éclats, Hedwig et Ulrique s'étaient levées
d'un seul jet, comme les diablotins à ressort quand
on ouvre la boîte où ils sont comprimés. Hermann,
épouvanté, alla se blottir entre les jambes de son
père ; la petite Marguerite, tout effarée, se crampon-
nait à la robe d'Édith. Sans laisser aux demoiselles
de Stolzenfels le temps d'exhaler leur fureur, Muller
emmena sa femme et ses enfants.

— Heureusement, dit-il, le désastre n'est pas irré-
parable, et j'espère, mesdemoiselles, que d'ici à quelques jours vous n'aurez plus rien à regretter.

Là-dessus il prit congé d'Ulrique et d'Hedwig, qui
déjà lui tournaient le dos.

Aussitôt qu'ils furent descendus dans le parc :

— Eh bien ! mon ami, s'écria Édith d'un air con-
sterné, quelle visite ! quel accueil ! Il n'est pas de
torture, il n'est pas de supplice comparable à ce que
je viens d'endurer. De quelle façon nous ont-elles
reçus, juste ciel !

— Ah ! dame, écoute, mon Édith, répliqua Franz
en hochant la tête, ce ne sont pas de simples bour-
geoises comme tes amies de Munich ; songe que ce
sont des Stolzenfels. Tu t'habitueras à ces grands

airs, tu te feras à ces belles manières. Quelle noblesse dans le maintien ! quelle fierté dans le regard ! As-tu vu, lorsque nous sommes entrés, de quel geste impérial elles nous ont montré des sièges? C'est la fleur de l'aristocratie. Pour ma part, j'en conviens, je me suis senti d'abord interdit, et pourtant je voyais le moment où j'allais les apprivoiser, quand ce petit drôle d'Hermann a mis le vieux japon en pièces.

— Quand on pense, reprit Édith, qu'elles n'ont pas su trouver pour ces chers petits un mot, un sourire, un regard affectueux ! J'ai mauvaise opinion des femmes qui n'aiment pas les enfants; et tu as beau dire, mon ami, je sens qu'il n'y aura jamais rien de commun entre les demoiselles de Stolzenfels et nous.

— Bah ! s'écria Muller, pourquoi maître Gottlieb nous les eût-il vantées ? dans quel intérêt ? Je parierais qu'au fond ce sont d'excellentes personnes. Allons voir de ce pas le major Bildmann. Tel que tu me vois, j'ai toujours eu un penchant pour les hommes de guerre, et, je suis sûr d'avance que ce vieux soldat me plaira. Peut-être faudra-t-il nous résigner à entendre plus d'une fois le récit de la même bataille; mais qu'importe ! Si c'est un noble cœur, un caractère généreux et loyal, mon amitié lui est acquise.

Allons voir le major Bildmann. Il a un enfant ; c'est déjà un lien entre nous.

Quelques instants après, Muller et sa femme se présentaient chez le major.

En ce moment, le ménage Bildmann était en proie à un de ces orages qui formaient, à proprement parler, l'unique distraction de ces dignes époux vantés par maître Gottlieb comme un couple de patriarches. Dorothée venait de recevoir une invitation pour une fête qui devait se donner le mois suivant dans un château des environs. Il s'agissait de faire emplette d'une robe pour cette solennité. La toilette de madame Bildmann avait grand besoin d'être renouvelée ; sa robe de gala avait défrayé pendant cinq saisons l'admiration de la contrée. Dorothée, comprenant qu'elle ne devait pas faire à l'insu de son mari une dépense aussi importante, avait pris le parti d'annoncer ouvertement ses projets. Au premier mot mis en avant par madame Bildmann pour tâter le terrain, le major jeta les hauts cris.

— Maudites soient les femmes et leur coquetterie ! dit-il d'une voix qui présageait un refus catégorique. Vous savez, Dieu merci ! madame, comment je vis depuis dix ans ; il n'est pas de privations que je ne m'impose ; je me refuse tous les plaisirs qui conviendraient encore à mon âge, car sous mes cheveux gris j'ai toujours l'esprit jeune, le cœur ardent.

— Il vous sied bien, reprit Dorothée d'une voix aigre, de me parler à moi des privations que vous vous imposez, à moi que vous avez ruinée par vos folles dépenses, à moi dont vous avez mangé la dot dans les cabarets et les tripots! Si le comte Sigismond ne nous eût pas recueillis, où serions-nous à cette heure? sur la paille de quelque grabat, dans quelque taudis enfumé. Et depuis que nous avons trouvé un asile au château d'Hildesheim, comment vivez-vous? Quel usage faites-vous des modiques ressources qui nous sont restées? Le peu que nous avons, ne le dissipez-vous pas en genièvre, en tabac? Et pour une robe que je vous demande au bout de cinq ans, voilà que vous me cherchez querelle! Allez, c'est une indignité!

Au milieu de cet aimable entretien, la porte s'ouvrit : c'étaient Muller et sa femme, qui avaient entendu les dernières paroles échangées entre les deux époux. Le major et Dorothée se turent. S'ils n'avaient eu contre Muller aucun sujet de ressentiment, cette visite malencontreuse aurait suffi pour exciter leur colère. Ils oublièrent en cet instant leur mutuelle animosité pour reporter sur lui toute leur mauvaise humeur. De leur côté, Édith et Franz, témoins involontaires de cette guerre intestine, se sentaient embarrassés et ne savaient quelle contenance faire. Dans son trouble et son ingénuité, Muller eut la maladresse de s'excuser.

— Peut-être vous dérangeons-nous, monsieur le major? dit-il d'une voix timide et confuse.

— Pourquoi diable me dérangeriez-vous? répondit brusquement le major. Vous êtes Franz Muller, musicien à Munich, rue des Armuriers, n° 9, vous venez prendre possession du château. Je suis charmé de vous voir. Asseyez-vous, je vous en prie.

Tandis que Muller répondait à cet accueil sans façon par un compliment qui s'adressait au major et à sa femme, le major et Dorothée examinaient Édith de la tête aux pieds. Sous le feu croisé de ces regards, la jeune femme, rougissant et pâlissant tour à tour, soit qu'elle voulût se donner un maintien, soit qu'elle espérât se rendre agréable à ses hôtes, essaya d'attirer près d'elle le petit Isaac. Le marmot fit une horrible grimace, et s'éloigna d'un air hargneux.

— Eh bien, s'écria le major, monsieur Muller, vous avez fait un beau rêve. Le comte Sigismond, notre digne parent, était passionné pour la musique. On dit que vous avez eu le bonheur de jouer devant lui un air qu'il avait entendu autrefois et qu'il cherchait inutilement depuis plusieurs années. Cette petite chanson n'est pas tombée dans l'oreille d'un sourd.

Muller raconta simplement la visite du comte Sigismond à Munich. Pendant ce récit, le major échangeait avec Dorothée des regards de plus en plus impertinents. Il frisait sa moustache et souriait d'un air joyeux à toutes les paroles de Franz.

— Monsieur Muller, s'écria-t-il, c'est fort drôle ce que vous venez de nous raconter là.

— Si c'est madame, ajouta Dorothée, qui chantait pendant que le comte Sigismond était chez vous, je ne m'étonne plus, personne ne doit s'étonner du riche héritage qui vous est échu.

Franz, ne devinant pas le sens caché sous ces paroles, s'inclina en signe de remercîment; Édith elle-même rougit de plaisir, moins par vanité que par reconnaissance : elle croyait voir dans ce compliment un témoignage de bienveillance. Secrètement flatté des louanges adressées à sa femme, Muller ne voulut pas se montrer ingrat.

— Vous savez, dit-il au major, que mon arrivée dans ce château ne doit rien changer à votre vie. Je n'ai pas besoin de vous dire que vous me trouverez disposé, en toute occasion, à respecter religieusement la dernière volonté du comte Sigismond. Tous les avantages, tous les agréments dont vous jouissiez ici, quand il était près de vous, vous sont acquis, bien acquis, et je n'entends pas y toucher.

— De notre côté, monsieur Muller, nous ne serons pas indiscrets. Vous n'aurez à redouter de notre part aucune prétention inattendue. J'aime la chasse; la chasse, vous le savez, est l'image de la guerre; chez un vieux militaire, ce goût se conçoit aisément. Le comte Sigismond me permettait de tirer de temps en temps quelques chevreuils, quelques lapereaux, et j'espère qu'à votre tour vous ne le trouverez pas mauvais.

Muller ne répondit que par un geste d'assentiment. Le major poursuivit :

— Ma femme aime les fleurs; c'est un plaisir pour nous de nous promener le soir, à l'écart, dans les allées solitaires, de nous asseoir sur un banc de mousse et de voir notre enfant se rouler à nos pieds; avec l'agrément du comte Sigismond, j'ai entouré d'une haie vive un petit coin du parc où j'ai disposé en plates-bandes les fleurs que préfère Dorothée. La chasse pour moi, des fleurs pour Dorothée, pour notre cher Isaac une pelouse où il puisse jouer à l'abri de tout danger, je ne demande rien de plus.

J'espère, monsieur Muller, qu'à cet égard vous ne serez pas moins généreux que le comte Sigismond.

— J'aime à croire, monsieur le major, répliqua Muller, que vous ne m'avez pas fait un seul instant l'injure d'en douter.

En achevant ces mots, Muller se leva.

— Nous nous verrons souvent, madame, dit Édith à Dorothée. Nous visiterons ensemble les environs d'Hildesheim ; vous m'indiquerez les pauvres à secourir, les misères à soulager ; vous m'aiderez à faire le bien.

— Nous nous rencontrerons quelquefois dans le parc, répondit Dorothée. Je ne vous promets pas de vous visiter souvent, car je vis très-retirée. Le soin de mon ménage, l'éducation de mon enfant, absorbent toutes mes journées. Quant aux pauvres, vous n'aurez pas besoin de les chercher, ils viendront au-devant de vous.

— Notre désir le plus cher, ajouta Muller, répétant mot pour mot le petit compliment qu'il avait débité aux vieilles filles, notre vœu le plus ardent est de vivre ici au milieu de vous, avec vous, comme si nous ne formions tous qu'une seule famille.

— Bien obligé, monsieur Muller ; enchanté d'avoir

fait votre connaissance! dit le major en fermant la porte.

A peine arrivée au bas de l'escalier :

— Eh bien, dit Édith, comment les trouves-tu ?

— Très-bien! répondit Muller. Sans avoir la dignité des demoiselles, les Bildmann m'ont tout l'air d'excellentes gens. J'aime le parler franc, la mine ouverte du major.

— As-tu remarqué, reprit Édith, comme ils m'examinaient, comme ils passaient en revue toute ma personne? Qu'avaient-ils donc à me regarder ainsi?

— La chose est toute simple, répliqua Muller : ils te trouvent belle; y a-t-il là de quoi te fâcher?

— Mais, poursuivit Édith, as-tu entendu ce qu'ils se disaient quand nous sommes entrés ? As-tu entendu la grosse voix du major et la voix impérieuse de sa femme? Ils se querellaient.

— Bah! une querelle sans importance, répondit Franz. Presque tous les ménages en sont là; il ne faut pas croire que tout le monde vive comme nous.

— Et le petit Isaac? Qu'il est laid, qu'il a l'air méchant!

— Certes, reprit Muller avec complaisance, il n'a pas la beauté d'Hermann et de Marguerite; mais tous les enfants ne ressemblent pas aux deux chérubins que tu m'as donnés.

— Madame Bildmann leur a-t-elle fait seulement une caresse!

— Madame Bildmann ne pouvait s'empêcher de comparer son fils au nôtre, et elle souffrait dans son orgueil de mère; tu ne dois pas lui en vouloir, c'est à toi d'être généreuse.

— Il paraît, mon ami, ajouta Édith, que de tous les hôtes du château d'Hildesheim le comte Sigismond était le seul qui fût meublé à la mode orientale. Le comte avait sans doute voyagé chez les Turcs.

— Que veux-tu dire? demanda Muller.

— N'as-tu pas remarqué, répliqua Édith, le riche ameublement des demoiselles et du major? Quel luxe! quelle magnificence! Du moins, chez nous, Hermann peut jouer sans danger; il ne risque pas de renverser et de briser la porcelaine du Japon.

— Allons, s'écria Muller avec humeur, maintenant tu vas être jalouse des tasses à thé et des meubles de nos voisins; tu n'es jamais contente. Eh! bon Dieu, tu auras des meubles! Tu auras du vieux japon, du vieux saxe et du vieux sèvres! De quoi t'inquiètes-tu? Lorsqu'on a des terres, un château et quarante mille florins de revenu, on ne manque ni de fauteuils ni de porcelaine.

Comme Édith et Franz rentraient dans leur appartement, le major et Dorothée se glissaient chez les demoiselles de Stolzenfels. Depuis la lecture du testament chez maître Gottlieb, les deux partis, naguère si jaloux l'un de l'autre, s'étaient rapprochés et avaient mis en commun leur dépit et leur désappointement.

— Eh bien, s'écria le major, debout, les bras croisés, s'arrêtant devant les deux vieilles filles, vous les avez vus? Que pensez-vous de nos conjectures? Avais-je raison? Dorothée s'est-elle trompée? Croyez-vous encore que le domaine d'Hildesheim nous ait été soufflé par un air de violon?

— Vous savez maintenant, ajouta Dorothée, pourquoi le comte Sigismond courait le pays. Vous avez le secret de ses absences; vous connaissez la sirène qui l'attirait.

— Et la petite Marguerite, s'écria le major, l'avez-vous examinée? N'a-t-elle pas les yeux, le nez et la bouche de Sigismond? N'est-ce pas son portrait vivant? Vainement notre indigne parent s'est efforcé de cacher les désordres de sa jeunesse : la nature a pris soin de trahir le mystère dont il s'enveloppait.

— Quelle honte, ma sœur! s'écria Hedwig en joignant les mains.

— Ma sœur, quel scandale! dit Ulrique en baissant la tête.

— Et nous, poursuivit Hedwig, nous qui avions consenti à venir nous installer chez lui, dans la conviction qu'il était le modèle de toutes les vertus!

— C'est comme moi, reprit Dorothée. Si j'avais su, si j'avais pu entrevoir seulement l'affreuse vérité, je vous prie de croire, mesdemoiselles, ajouta-t-elle en rougissant, que j'aurais repoussé avec indignation l'hospitalité qui m'était offerte.

— Quelle erreur était la nôtre! dit à son tour Ulrique; folles que nous étions, d'ajouter foi à tous les contes qu'on nous débitait!

— Oui, répliqua le major, il s'est assez moqué de nous avec ses voyages, sa chanson tyrolienne et sa figure d'amoureux transi. Moi, je me suis toujours défié de lui; son air sournois, sa conduite louche et cauteleuse ne pouvaient convenir à la franchise, à la rudesse, à la loyauté d'un vieux militaire. Il nous trompe, disais-je souvent à Dorothée; il ne mérite pas ce que nous faisons pour lui; il nous jouera quelque mauvais tour. Avais-je tort? De quelle façon, je vous le demande, remplissait-il envers nous les devoirs de l'hospitalité? Presque toujours absent, quand il rentrait, à peine semblait-il se douter qu'il eût à son foyer les demoiselles de Stolzenfels, le major Bildmann et sa femme.

— Ce n'était pas seulement un homme profondément immoral, c'était un mauvais parent, ajouta sèchement Dorothée.

— Savez-vous, s'écria Ulrique, savez-vous que nous sommes victimes d'une odieuse captation? Si nous attaquions le testament, les tribunaux nous donneraient raison.

— Ça été ma première pensée, mon premier cri, répondit le major; mais, pour attaquer le testament, il faudrait rompre en visière avec Frédéric. Frédéric est violent, je le connais, et pour rien au monde je ne consentirais à me battre avec un membre de ma famille.

— Monsieur Bildmann, répliqua Hedwig, vous parlez, vous agissez en homme sage.

— Je sais ce qu'on se doit entre parents, répondit le major; quelle que soit la fougue de mon caractère, j'aime mieux souffrir en silence que de m'exposer à trancher les jours d'un neveu que vous chérissez.

— J'espère bien, monsieur Bildmann, reprit fièrement Hedwig, que vous ne vous résignerez pas à demeurer sous le même toit que ces aventuriers?

— Assurément non, répondit le major avec dignité, et vous-mêmes, je le jurerais, vous ne voudrez pas accepter plus longtemps un asile dans le château qui devrait vous appartenir.

— Non certes, s'écrièrent à la fois Hedwig et Ulrique; nous avons le cœur trop haut placé pour nous soumettre à une pareille humiliation.

— Vous allez partir?
— Vous aussi?
— C'est convenu.
— C'est entendu.

Là-dessus, les Bildmann et les Stolzenfels se séparèrent, bien résolus à ne pas quitter la place et à voir venir les évènements.

VIII

FRANZ MULLER A SPIEGEL

« Depuis trois semaines que je suis établi au château d'Hildesheim, je n'ai pas trouvé le temps de t'écrire. Je n'essayerai pas d'excuser mon silence : je sais que tu me le pardonneras sans que je prenne la peine de me défendre. Mes journées ont été tellement remplies. que, malgré mon vif désir de m'entretenir avec toi, j'ai dû ajourner toute correspondance avec mon meilleur, mon plus fidèle ami. Cruel ami, pourquoi suis-je obligé de t'écrire? Ton absence est le mauvais côté de mon bonheur; c'est la douleur cachée dans toute joie humaine; c'est la goutte amère déposée au fond des coupes les plus enivrantes. Tu dois être impatient d'avoir des détails; en voici :

» Mon premier soin, tu le devines, a été de rendre visite aux demoiselles de Stolzenfels et au major Bildmann. C'était notre devoir, et, le lendemain même de notre arrivée, nous l'avons accompli avec empressement. L'accueil que nous avons reçu chez les demoiselles de Stolzenfels a été un peu froid, je ne le dissimule pas. Cependant je ne m'en étonne ni ne m'en offense. Malgré le désintéressement dont elles ont fait preuve en toute occasion du vivant du comte Sigismond, il est tout simple qu'elles ne voient pas sans un peu de mécontentement arriver dans le château de leur parent un étranger qui vient en prendre possession. Mets-toi un instant à leur place ; tu t'expliqueras sans peine leur attitude vis-à-vis de nous. C'est ce qu'Édith ne veut pas comprendre ; fais-moi l'amitié de la sermonner sur ce point. Elles ont été, d'ailleurs, dans cette première entrevue, d'une politesse exquise, et je suis sûr que la grâce et la bonté de ma chère Édith auront bientôt raison de leur froideur. Sache bien, mon pauvre Spiegel, que tu n'as jamais rien vu qui ressemble aux demoiselles de Stolzenfels. Tu ne peux pas te faire une idée du grand air qu'elles ont, naturellement, sans effort. Rien qu'à leur façon de saluer, on pressent leur haute origine. On a beau dire, il y a chez ces gens-là quelque chose qui nous manquera toujours. En résumé, cette visite ne nous aurait laissé que d'agréables souvenirs, sans un accident dont notre Hermann a été la cause involontaire, et qu'Édith te racontera.

» L'accueil du major Bildmann a eu un tout autre caractère. Le major, tu le sais, est un vieux militaire, blanchi dans les camps et sur les champs de bataille, plein d'honneur, de bravoure, de franchise et de loyauté. Sa mâle figure, ses moustaches grises, s'accordent bien avec la brusquerie parfois un peu rude de son langage. Il est impossible d'imaginer une physionomie plus ouverte, des dehors plus attirants. Madame Bildmann n'a ni les grandes manières ni la fierté aristocratique des demoiselles de Stolzenfels; mais sa tenue est parfaite d'ailleurs, et je ne doute pas que ma femme ne trouve en elle une amitié solide, une société charmante. Quant au major, je jurerais que nous sommes déjà de vieux amis. La beauté, la grâce, la modestie de notre Édith, ont produit sur ces deux époux un effet qu'ils ne cherchaient pas à dissimuler, et qui ne te surprendra guère; ils ne se lassaient pas de la contempler avec un sentiment d'admiration naïve qui faisait, tu peux m'en croire, ma joie et mon orgueil. Leur fils, le petit Isaac, semble, au premier aspect, un peu sauvage;

mais cela s'explique par la solitude où il a grandi. Dans quelques jours, ce sera pour Hermann et Marguerite un joyeux compagnon. En un mot, mon cher ami, j'ai tout lieu d'espérer que maître Gottlieb ne nous a pas trompés : nous mènerons au château d'Hildesheim une véritable vie de patriarches.

» Jusqu'à ce jour, les demoiselles de Stolzenfels et le major Bildmann ne nous ont pas rendu notre visite : c'est là surtout qu'éclate, à mon avis, la discrétion que donne l'usage du grand monde. De petits bourgeois n'auraient eu rien de plus pressé que de venir mettre le nez dans nos affaires. Les Bildmann et les Stolzenfels ont craint de nous importuner, de nous troubler au milieu des soins sans nombre qui accompagnent toujours un nouvel établissement; je leur en sais gré, je les en remercie. Voilà encore ce qu'Édith refuse de comprendre; elle n'est pas à la hauteur de sa position; n'oublie pas, dans ta prochaine lettre, de lui donner ton avis là-dessus.

» Jusqu'à présent, je n'ai rien à te dire du jeune Frédéric de Stolzenfels. Tu te souviens que le comte Sigismond, par une disposition expresse de son testament, a laissé à ce jeune homme le libre usage de ses meutes, de ses chevaux, de ses piqueurs, avec le droit de chasse dans ses domaines. Admire, mon cher Spiegel, la réserve et la délicatesse de tous les membres de cette famille ! Le régiment de Frédéric est en garnison dans la ville voisine ; en un temps de galop, Frédéric pourrait être ici. Mes écuries regorgent de chevaux, mes chenils de chiens, mes forêts de gibier. Eh bien ! Frédéric ne m'a pas encore donné signe de vie ; il n'a pas une seule fois, depuis mon arrivée, usé des droits que lui concède le testament du comte Sigismond. Chez un officier de cavalerie, une pareille discrétion est au-dessus de tout éloge. Tu verras que je serai obligé d'inviter M. de Stolzenfels à venir chasser sur mes terres !

» Le château d'Hildesheim, situé sur le versant d'une colline, remonte aux dernières années du xiv° siècle ; c'est le style gothique dans toute sa pureté, dans toute son élégance, dans son développement le plus complet. Toi qui professes, pour l'art du moyen âge, un culte si pieux et si fervent, tu te trouverais heureux au milieu de ces vastes salles ; tu t'oublierais de longues heures devant ces vieux murs tapissés de lierre, de ravenelle et de pariétaire.

» Les appartements pourraient être distribués d'une façon plus commode ; l'édifice a besoin de quelques réparations ; mais, avec le revenu du domaine, je ferai face à toutes ces dépenses.

» Qui nous eût dit cela, Spiegel, quand nous voyagions à pied, le bâton à la main, le sac sur le dos? Qui nous eût dit qu'un jour je ferais des réparations à mon château? Ah! surtout, qui m'eût dit que j'aurais un château et que tu ne l'habiterais pas? Il y a des instants où nous ne pouvons nous empêcher de t'en vouloir; mais tu viendras, ami : quand nous nous reverrons, tu ne résisteras pas au récit de notre bonheur.

» Le pays que nous habitons est un des plus pittoresques, des plus beaux, des plus riches que le soleil éclaire. Chaque jour nous découvrons quelque nouvel Éden, quelque nouveau site enchanté. Hier, par exemple, sans sortir de mon domaine, j'ai découvert le plus frais asile qu'ait pu rêver l'imagination de Gessner : une vallée étroite, profonde, mystérieuse, qu'arrose une jolie rivière coulant sans bruit sous un berceau d'aulnes et de trembles. On y arrive par de petits sentiers; tout cela est sauvage, silencieux et charmant. J'y mènerai souvent les enfants et Édith. Tu sais que j'ai toujours aimé la pêche avec passion, surtout la pêche aux écrevisses : jamais lieu ne sembla plus propice à la satisfaction de ces goûts innocents.

» Ne va pas t'imaginer, mon ami, que je renonce à

l'art, qui a tenu jusqu'ici une si grande place dans mon bonheur, à la gloire, depuis si longtemps ma plus chère espérance. Je n'ai pas oublié l'obligation que m'impose le testament du comte Sigismond ; en me léguant son domaine, il a voulu m'ouvrir le chemin de la renommée. L'expression de ses dernières volontés, empreinte d'une sympathie si profonde pour l'artiste laborieux, pour le talent obscur, pour le génie entravé par les nécessités de la vie, est toujours présente à ma mémoire. Tu peux compter que je ne serai pas ingrat, et que j'accomplirai fidèlement, jusqu'au bout, la mission que m'a donnée mon bienfaiteur, mission bien douce, puisque la reconnaissance me mène droit à la célébrité. On a vu des artistes arriver à la richesse par la gloire ; moi, grâce à la générosité du comte d'Hildesheim, j'arriverai à la gloire par la richesse. Aujourd'hui même, je vais me mettre à l'œuvre. L'inspiration m'assiége, les mélodies s'agitent dans mon sein ; je suis comme la statue de Memnon frappée par les premiers rayons du soleil. Crois-moi, jette au feu, sans remords, la partition que tu as voulu garder : cette symphonie ne méritait pas l'honneur d'être sauvée des flammes comme le poëme de Virgile.

» Et toi, cher ami, cher compagnon de mes jeunes

années, que fais-tu ? Comment s'écoulent tes soirées depuis que nous ne sommes plus près de toi ? Cette maisonnette, autrefois si petite, ne te semble-t-elle pas bien grande aujourd'hui ? Visites-tu parfois notre appartement désert ? Vas-tu t'asseoir sur ce divan un peu dur, à demi usé, qui nous a vus tant de fois assis l'un près de l'autre ? Ah ! Spiegel, que de bonnes heures nous avons passées là, en compagnie d'Édith et des enfants ! »

IX

Franz venait d'achever cette lettre et de l'envoyer à la poste de la ville voisine. Édith était sortie avec Hermann et Marguerite; un silence profond régnait dans le château et aux alentours, ce silence écrasant qui pèse sur les campagnes, dans la chaude saison, à l'heure de midi. Muller se sentait dans une disposition excellente. L'inspiration lui présentait une variété infinie de combinaisons musicales. Il avait ouvert son clavecin, et déjà il était en proie au feu de la composition, quand Wurm vint frapper à la porte du sanctuaire.

— Qu'y a-t-il? demanda Franz en ouvrant la porte. Que me veut-on? Ne vous ai-je pas dit, ce matin, que je désire, que je veux être seul? Je n'y suis pour personne, pour personne, entendez-vous, monsieur Wurm?

— Je n'ai pas oublié, monsieur, répondit Wurm d'un air respectueux, les ordres précis que vous m'avez donnés ce matin; mais il s'agit, pour vous, d'une affaire importante, et je ne crois pas que vous puissiez vous dispenser de recevoir maître Wolfgang Sturm.

— Qu'est-ce que maître Wolfgang Sturm? demanda Muller avec impatience.

— Monsieur, reprit Wurm d'un ton grave, maître Wolfgang Sturm est depuis trente ans l'avoué de la famille d'Hildesheim. Le père de feu le comte Sigismond lui avait accordé toute sa confiance, et le comte Sigismond lui-même avait remis entre ses mains le soin et la défense de ses intérêts.

— Eh bien! répliqua brusquement Muller, qu'a-t-il à me dire? de quelle affaire veut-il m'entretenir? Grâce au ciel, je n'ai pas de procès.

— Monsieur, répondit Wurm, c'est la troisième fois, depuis votre arrivée, que maître Wolfgang Sturm se présente au château d'Hildesheim. Je ne sais pas précisément ce qu'il peut avoir à vous dire; sans doute, il veut vous mettre au courant des affaires du comte Sigismond. Dois-je l'introduire? dois-je le congédier?

— Si c'est la troisième fois qu'il se présente, je ne puis me dispenser de le recevoir, dit Muller avec humeur ; introduisez-le.

Et, d'une main irritée, il jeta sur le clavecin le manuscrit à peine commencé. Au bout de quelques instants, Wurm introduisit maître Wolfgang. C'était un homme grand, maigre, âgé d'environ soixante ans ; son front fuyant, ses petits yeux gris enfoncés dans leur orbite, son profil de renard, exprimaient la ruse et le génie de la chicane. Il portait sous son bras une liasse énorme qu'il déposa sur une table, après avoir salué jusqu'à terre le nouveau maître du château. Muller s'inclina d'assez mauvaise grâce, et lui offrit un siége près de lui.

— Monsieur, dit maître Wolfgang sans autre préambule, vous êtes légataire universel du comte Sigismond ; en succédant à tous ses droits, vous avez pris à votre charge toutes ses obligations.

— Parlez, monsieur ; de quelles obligations s'agit-il ?

— Mon Dieu ! répondit Wolfgang, c'est une affaire de peu d'importance. Il s'agit d'une langue de terre, d'un demi-arpent tout au plus, qui appartient au domaine d'Hildesheim, mais se trouve enclavée entre deux propriétés voisines.

— Ne pourriez-vous, reprit Muller, vous adresser à mon intendant ?

— Entre nous, monsieur, répliqua maître Wolfgang, votre intendant n'est plus en état de me comprendre. Il est depuis longtemps étranger à toutes les discussions qui concernent les intérêts de la famille d'Hildesheim. C'est un esprit qui n'a jamais jeté un bien vif éclat et que les années ont achevé d'obscurcir.

— Ainsi, monsieur, dit Muller en poussant un soupir de résignation, c'est donc moi qui dois vous entendre ? Je vous écoute : quel est le sujet du litige ?

— Je vous l'ai dit, monsieur, poursuivit maître Wolfgang, il s'agit d'une langue de terre qui est à vous, mais sur laquelle deux de vos voisins prétendent avoir des droits.

— N'est-ce que cela ? s'écria Muller avec un sentiment de délivrance, c'est une affaire toute simple, et qui peut se régler en une soirée. Je vais inviter à souper mes deux adversaires ; je les prierai d'apporter leurs titres ; j'aurai soin, de mon côté, de tenir les miens à leur disposition ; vous serez là, vous serez des nôtres, et, au dessert, nous arrangerons tout à l'amiable.

Maître Wolfgang sourit à ces paroles ingénues.

— Monsieur, répondit-il, de pareils sentiments vous honorent ; si chacun pensait comme vous, que deviendraient les gens de notre profession ! Dieu merci ! de pareils sentiments sont rares ; s'il en était autrement, il faudrait bientôt licencier les tribunaux comme une armée désormais inutile. Grâces soient rendues au souverain dispensateur de toutes choses, les contestations ne se vident pas en une soirée, entre la poire et le fromage !

— Écoutez-moi, maître Wolfgang, dit Muller après quelques instants de silence. Jusqu'ici j'ai toujours vécu en paix. J'ai quelquefois entendu parler de procès, mais je n'en ai jamais eu. S'il s'agit, comme vous le dites, d'une misérable langue de terre, à quoi bon plaider ? à quoi bon troubler mon repos pour un intérêt aussi chétif ? Je vous autorise dès aujourd'hui à vous désister en mon nom. J'entends, si le procès est engagé, qu'il cesse à l'instant ; je renonce à toutes les prétentions qu'a pu soutenir la famille d'Hildesheim. Le domaine que m'a laissé le comte Sigismond est assez beau, assez vaste, assez riche, pour que j'abandonne sans regret un demi-arpent de terre. Vous m'entendez, maître Wolfgang ; c'est une affaire réglée. S'il faut, pour trancher toute discussion, vous donner une procuration en forme, préparez-la, apportez-la dès demain, je la signerai, et tout sera dit.

— Je voudrais, monsieur Muller, je voudrais de grand cœur pouvoir obtempérer à vos désirs, répliqua maître Wolfgang; vous étiez digne de vivre dans l'âge d'or, mais nous sommes dans l'âge de fer, et vous savez ce que dit le proverbe : Il faut hurler avec les loups. Si vos voisins, monsieur Muller, vous ressemblaient, nous n'aurions pas besoin de plaider; heureusement ils ont des sentiments tout autres.

— Mais enfin, s'écria Muller de plus en plus impatient, si je ne veux pas plaider, peut-on m'y forcer?

— Le sujet du litige, reprit maître Wolfgang, est de peu de valeur, j'en conviens; mais il y a au fond du procès que nous soutenons une question d'honneur.

— Je ne comprends pas, maître Wolfgang, comment l'honneur peut se trouver engagé dans une pareille affaire.

— Vous allez le comprendre, monsieur Muller. L'origine de la contestation qui nous occupe remonte à l'année 1760. Le château d'Hildesheim appartenait alors au grand-père du comte Sigismond. Le grand-père du comte, dernier du nom, avait malheureusement confié le soin de ses intérêts à un homme d'une capacité fort douteuse. L'avoué poursuivant en son nom manquait de lumières et d'énergie, si bien que le père du comte Sigismond, en héritant du château d'Hildesheim, trouva dans les papiers de sa famille un procès en fort mauvais état. Il aurait pu le relever, en tirer bon parti ; mais il fallait pour cela quelque chose de plus que de la bonne volonté, il fallait du zèle, de la suite, de l'activité, et il ne songea que bien tard à m'appeler. Quant au comte Sigismond, vous l'avez connu ; c'était un excellent homme, mais qui avait pour les procès presque autant d'aversion que vous. Tout ce que j'ai pu obtenir de lui, ç'a été de ne pas abandonner les droits de sa famille. Et vous, monsieur, vous son légataire universel, aurez-vous la faiblesse d'abandonner les droits soutenus par trois générations auxquelles vous succédez ? Une pareille faiblesse ne mériterait-elle pas le nom de lâcheté ? L'objet du litige n'est rien par lui-même, mais il acquiert une valeur immense par la position respective des parties. Les trois adversaires qui sont maintenant en présence sont obligés de maintenir les prétentions de leurs ascendants sous peine de déshonorer leur blason.

— Que parlez-vous de blason ? répliqua vivement Muller. Il n'y a pas de blason dans ma famille.

— Comptez-vous pour rien, reprit maître Wolfgang, le blason du comte Sigismond, jusqu'ici demeuré sans tache, le blason de l'homme généreux qui vous a légué son domaine ? N'avez-vous pas un devoir pieux à remplir envers sa mémoire ? Lui donner tort en abandonnant le procès, ne serait-ce pas vous montrer ingrat ?

— Jusqu'ici, je l'avoue, dit Muller un peu confus, ce n'est pas ainsi que j'ai compris les devoirs de la reconnaissance. Mon cœur est plein de respect, de gratitude, de vénération pour la mémoire du comte Sigismond ; c'était le meilleur des hommes, et, s'il nous entend, je suis sûr qu'il approuve mes intentions. Il aimait la paix, il l'estimait par-dessus toutes choses ; comme lui, maître Wolfgang, je hais les querelles de toute nature. Je vous le répète, s'il ne faut, pour éteindre ce malheureux procès, que renoncer en bonne forme à l'objet du litige, j'y renonce de grand cœur, et je ne crois pas outrager la mémoire du comte Sigismond.

— Ainsi, monsieur, reprit maître Wolfgang de plus en plus étonné, vous allez d'un mot, d'un seul mot, flétrir la mémoire de trois générations ! Vous allez, par amour pour la paix, pour vous épargner quelques ennuis, déclarer à la face du pays tout entier que le grand-père et le père du comte Sigismond, que le comte Sigismond lui-même, ont manqué de bon sens, de raison, de clairvoyance, de bonne foi, de justice ! Par amour de la paix, vous ne craignez pas, vous ne rougissez pas de les déshonorer?

A ces mots, Muller bondit sur sa chaise comme s'il eût été piqué par une guêpe.

— Comment ! s'écria-t-il, je déshonore trois générations en abandonnant à mes adversaires un demi-arpent de terrain ! En renonçant au procès, j'accuse trois générations de sottise et d'improbité ! Si la justice de votre cause, car, grâce à Dieu ! je n'en veux pas faire la mienne, si la légitimité de vos droits est tellement manifeste, si la réalité de vos titres est tellement évidente, comment se fait-il que depuis soixante ans les tribunaux n'aient pas encore prononcé en faveur de la famille d'Hildesheim ?

— La justice, reprit maître Wolfgang, selon la belle expression du poëte lyrique, marche d'un pas lent ; cette grande pensée devrait être gravée en lettres d'or dans toutes les salles où se discutent les intérêts que nous sommes appelés à défendre.

— Je ne sais pas, répliqua Muller, qui décidément perdait patience, ce qu'a dit le poëte lyrique, et je ne suis guère curieux de le savoir; ce que je sais, c'est que je renonce à ce procès ridicule. Pensez de moi ce que vous voudrez, accusez-moi d'ingratitude, accusez-moi de folie; je tiens à vivre en repos, et je ne plaiderai pas.

— Je ne comprends pas, monsieur Muller, ce que vous trouvez de ridicule dans le procès dont je suis venu vous entretenir. Ce procès a paru sérieux au comte Sigismond, à son père, à son grand-père, et tous les hommes compétents en ont jugé de même.

— Je veux croire, maître Wolfgang, que vous avez pleine confiance dans la légitimité des droits que vous m'engagez à soutenir; mais enfin, cette langue de terre, objet primitif du litige, m'appartient ou ne m'appartient pas. Si elle ne m'appartient pas, en l'abandonnant je ne fais que la rendre, et, si elle m'appartient, j'ai le droit incontestable de la donner à mes adversaires.

— Sans doute, reprit maître Wolfgang, vous le pouvez; mais c'est une générosité qui vous coûtera cher. J'ai apporté et je vais mettre sous vos yeux la note des frais qui ont été faits depuis 1760. Il s'agit de vingt mille florins. Si vous êtes résolu à les payer, mon ministère vous est désormais inutile. Au reste, monsieur, je livre à votre appréciation toutes les pièces du procès ; vous pouvez les examiner à loisir, et vous jugerez par vous-même du parti que vous devez prendre.

Cela dit, maître Wolfgang se leva, salua profondément et se retira d'un pas grave.

Muller était depuis trois heures plongé dans la lecture des papiers que lui avait laissé maître Wolfgang, quand Édith rentra avec les enfants. Elle se jeta au cou de son mari ; pour la première fois, Muller reçut ses caresses sans les lui rendre. L'heure de souper était venue ; durant tout le repas, il fut silencieux et morne. Le repas achevé, Édith lui offrit de se mettre au clavecin et de chanter comme autrefois les airs qu'il aimait. A cette proposition, Franz ne put réprimer un geste d'impatience. Hermann et Marguerite essayèrent de jouer avec lui ; il les repoussa, alla s'enfermer dans sa chambre, et, quand le jour parut, il n'avait pas achevé sa lecture. De guerre lasse, il se mit au lit ; mais, au moment où ses paupières se fermaient, il fut réveillé en sursaut par les sons du cor et les aboiements de la meute qui retentissaient dans l'air sonore du matin : c'était le major Bildmann qui partait en chasse, frais, gaillard et dispos.

X

Après avoir pris connaissance des papiers laissés par maître Wolfgang, Muller, malgré l'évidence, malgré la légitimité des droits soutenus par la famille d'Hildesheim, persistait dans sa première résolution. Il voulait renoncer au procès et trancher toute discussion par l'abandon du terrain en litige. Il se disposait à mander au château maître Wolfgang pour lui signifier d'une façon définitive et irrévocable le parti auquel il s'était arrêté; mais une suite d'événements imprévus dérangea brusquement ses projets de paix et de concorde.

La moisson avait été mauvaise. Au lieu d'apporter le prix de leur fermage, les paysans venaient exposer leurs doléances et demander du temps. Muller, attendri jusqu'aux larmes par les plaintes de ces pauvres gens, se sentait disposé à leur accorder tout ce qu'ils demandaient. S'il élevait quelques objections, les drôles répliquaient par une phrase toute prête :

— Ce n'est pas le comte Sigismond qui eût repoussé nos prières; c'était, celui-là, un bon maître!

Franz finissait toujours par céder.

Au milieu de ces embarras, tandis qu'il en était à s'interroger pour savoir comment il ferait face aux réparations indispensables qu'exigeait l'état du château, un incendie dévora la plus belle ferme du domaine.

D'un autre côté, les demoiselles de Stolzenfels et le major Bildmann réclamaient le premier trimestre de la pension que le comte Sigismond leur avait assignée dans son testament. Dorothée réclamait plus impérieusement encore les dix mille florins dont les intérêts devaient être capitalisés jusqu'à la majorité d'Isaac. Déjà même elle avait écrit à ce sujet plusieurs épîtres dont le ton était poli tout au plus. Pour couper court à toutes ces réclamations, qui devenaient de plus en plus importunes, Muller s'était décidé à emprunter une somme assez considérable.

A peine installé, il s'était hâté d'appeler un architecte habile et de lui demander un projet de tombeau pour le comte Sigismond. Il ne croyait pas pouvoir acquitter trop tôt cette dette de la reconnaissance. L'air tyrolien devait être gravé en caractères d'or sur une plaque de marbre de Paros.

• Édith enfin, à qui Muller cachait avec soin la majeure partie des ennuis qui l'obsédaient, le pressait de meubler l'appartement naguère occupé par le comte Sigismond, que les Stolzenfels et les Bildmann avaient dévalisé. Dans cette situation critique, pouvait-il acheter la paix au prix de vingt mille florins? Ce n'est pas tout : la réflexion l'avait amené insensiblement à épouser l'orgueil, les préjugés et les ridicules de la maison dont il héritait. En renonçant au procès, en abandonnant le terrain en litige, n'allait-il pas en effet insulter à la mémoire du comte Sigismond et souffleter le blason de la famille d'Hildesheim? Que dirait le major Bildmann? que penseraient les demoiselles de Stolzenfels? que penserait tout le pays? Malgré son désir de vivre en repos, Franz dut se résigner à plaider.

Dès lors, toute la vie de Muller fut changée. Dès qu'il voulut examiner sévèrement l'administration de ses domaines, il découvrit des désordres, des abus sans nombre qu'une longue impunité avait enhardis et perpétués. Pour trancher le mal dans sa racine, il comprit la nécessité de surveiller par lui-même la gestion de ses biens. Les fermiers, qui d'abord s'étaient réjouis de son arrivée, en apprenant qu'ils auraient affaire à un artiste, à un musicien demeuré jusque-là étranger à tous les devoirs qu'impose une grande propriété, le voyant si actif, si vigilant, le prirent bientôt en aversion. Muller s'en aperçut et en souffrit. Au bout de quelques semaines, tous ses rêves de renommée étaient ajournés d'une façon indéfinie. La richesse lui prenait plus de temps à Hildesheim que ses élèves à Munich.

Édith avait, pour sa part, rencontré plus d'une déception. Cette vie champêtre qu'elle s'était représentée si poétique, si facile et si douce, ces fermiers qui devaient lui sourire et lui faire fête, ces concerts de bénédictions qui devaient s'élever sur ses pas, toutes ces espérances, tous ces rêves dont elle s'était bercée pendant le voyage de Munich à Hildesheim, où étaient-ils? qu'étaient-ils devenus? Dans les fermes, dans les chaumières, elle n'avait trouvé que des paysans sales et cupides. Elle avait semé ses bienfaits sans recueillir la reconnaissance. Et puis, sans se rendre compte de ce qu'elle éprouvait, Édith sentait autour d'elle une atmosphère corrompue, une atmosphère ennemie. Les valets, qui n'ignoraient pas les soupçons odieux conçus et répandus par les vieilles filles et les Bildmann, s'y étaient associés avec l'empressement des âmes basses. Édith leur commandait toujours avec douceur et ne surprenait jamais sur leur visage une intention affectueuse. Un jour, elle était allée avec ses enfants à une fête champêtre du voisinage : l'accueil glacé qu'elle avait reçu, les sourires ironiques, les regards dédaigneux, les chuchotements équivoques, l'avaient jetée dans un trouble profond. Elle était rentrée confuse, humiliée, s'épuisant vainement à deviner l'offense dont elle rougissait, à découvrir la blessure qui causait sa souffrance.

Plus clairvoyante que Muller, elle ne s'était pas un seul instant abusée sur le caractère et les dispositions des Bildmann et des Stolzenfels. Depuis son arrivée au château, ils n'avaient pas mis le pied chez elle, et Franz avait dû finir par comprendre que la discrétion poussée à ce point pouvait à bon droit passer pour de l'impertinence. Quelques visites qu'il avait faites à l'aristocratie des environs avaient été couronnées d'un succès pareil. Muller semblait en prendre gaiement son parti, et peut-être était-il sincère. Notre bonheur, disait-il avec raison, n'a besoin de personne et se passera aisément des Stolzenfels et des Bildmann. C'était aussi l'avis d'Édith ; cependant, sans regretter une société qui lui offrait bien peu d'attraits, Édith, en dépit d'elle-même, ressentait vivement l'outrage.

Elle souffrait aussi de son isolement. Le luxe qui l'entourait était pour elle un luxe inutile. Que faire des chevaux qui remplissaient les écuries? des voitures qui garnissaient les remises? Que faire de ces vastes salles qui n'étaient plus nues, mais qui demeuraient désertes? Cette opulence sans emploi ressemblait à une raillerie. Tout entier au soin de ses affaires, Franz n'avait pas une heure de loisir. Hors de chez lui pendant le jour, il rentrait le soir, maussade et fatigué, pour souper et dormir. Plus d'intimité, plus de petits concerts, plus de ces entretiens charmants qui abrégeaient autrefois les soirées. Édith avait une âme tendre; son cœur n'était pas fait pour la solitude. Hermann et Marguerite échappaient à l'âge qui exige une sollicitude assidue, et n'avaient pas encore atteint la saison où les enfants sentent le prix de l'affection et rendent ce qu'ils reçoivent. Franz, d'ailleurs, voulant se donner bon air, s'était avisé d'appeler au château une gouvernante pour sa fille et un gouverneur pour son fils. Châtelaine d'Hildesheim, au milieu d'un parc presque royal, entourée de nombreux serviteurs, maîtresse absolue d'un immense domaine,

Édith était dévorée d'ennui. Toutefois elle se résignait sans trop d'efforts à cette vie nouvelle, dans l'espérance que les choses prendraient bientôt un cours meilleur.

Un matin, de bonne heure, elle était descendue au parc. Elle se promenait, seule et triste, dans une allée étroite, passant en revue toutes les déceptions, tous les désenchantements qu'elle avait essuyés depuis trois mois. Octobre approchait. Quoique parée encore et souriante, la nature était déjà prise de ce premier frisson qui précède la fin des beaux jours. Tout promettait une journée resplendissante; mais le soleil n'avait pas achevé de pomper la rosée, et le fond de l'allée se dessinait vaguement dans la brume. Édith marchait tête baissée; la matinée un peu fraîche et voilée, les feuilles humides qui se détachaient sans bruit, le vol inquiet, le cri effaré des oiseaux ajoutaient encore à sa mélancolie. Elle marchait depuis près d'une heure, laissant errer son esprit de rêverie en rêverie, quand tout à coup, en levant la tête, elle aperçut, à quelques pas devant elle, un jeune homme qu'elle voyait pour la première fois : c'était Frédéric de Stolzenfels, arrivé la veille au château.

Retenu par les exigences de son service ou plutôt par une nouvelle équipée, Frédéric n'avait pu jusque-là mettre à profit les généreuses dispositions de son noble parent. D'ailleurs, tout en respectant les dernières volontés du défunt, il n'était pas pressé de revoir le domaine qui avait dû lui appartenir. Malgré l'insouciance et la légèreté de son caractère, il ne pensait pas sans humeur au ménage du musicien, et n'éprouvait, à vrai dire, aucun désir de le connaître. D'autre part, Ulrique et Hedwig ne l'attiraient guère, depuis qu'elles ne régnaient plus en souveraines sur Hildesheim. Cependant Frédéric avait senti ses répugnances diminuer à mesure que ses ressources décroissaient, et, sa bourse une fois vidée, il s'était décidé, comme par enchantement, à venir passer un congé de quelques mois chez ses tantes. En arrivant, il ignorait encore l'infâme calomnie inventée par les Bildmann, de concert avec les vieilles filles. Il l'accueillit sans examen, sans hésitation ; seulement, loin de partager l'indignation qui embrasait ces saintes âmes, il montra pour les coupables une indulgence plus qu'évangélique.

— A la bonne heure! s'écria-t-il, voilà qui réhabilite complétement dans mon estime la vie du comte Sigismond. Il était aussi par trop ridicule de se voir dépouillé par une chanson tyrolienne. Les choses ainsi posées, il n'y a plus rien à dire ; c'est parfaitement convenable. Mon cousin était homme d'esprit; je regrette à cette heure de ne lui avoir pas témoigné plus d'affection et de dévouement. Pourquoi me cachait-il la vérité ? Nous aurions voyagé ensemble. Ah çà ! j'espère, ajouta-t-il, que l'héritière est jeune et jolie ?

— Vous la verrez, mon neveu, répliqua Ulrique en échangeant avec Hedwig un regard d'intelligence; sa jeunesse et sa beauté nous coûtent trop cher pour que nous puissions en parler à notre aise et avec impartialité.

— Si elle est jeune et belle, reprit Frédéric, honneur au comte Sigismond, réparation à sa mémoire, et que son ombre me pardonne de l'avoir méconnu vivant !

A ces mots, Hedwig et Ulrique échangèrent un nouveau regard; ces deux nobles âmes s'étaient déjà comprises. Quant à Frédéric, la pensée qu'une jeune et jolie femme, de vertu peu farouche, vivait sous le toit d'Hildesheim, avait suffi pour lui tourner la tête. Habitué aux conquêtes faciles, déshérité par un caprice, comme le reste de sa famille, il lui semblait plaisant de prendre sa revanche, en donnant une nouvelle extension au droit que lui conférait le testament, de chasser sur les terres du comte Sigismond.

La journée étant avancée, il remit au lendemain sa visite chez Muller.

Le lendemain, en se trouvant en présence d'Édith, qu'il n'espérait pas rencontrer si tôt, Frédéric se disposait à l'aborder d'un ton cavalier; mais frappé de l'air modeste et sérieux de la jeune châtelaine, quoique convaincu qu'il avait devant lui la maîtresse du comte Sigismond, il se sentit troublé et la salua avec déférence. Édith s'était arrêtée, ne sachant si elle devait poursuivre sa route ou retourner sur ses pas; bien qu'elle eût pris connaissance du testament, jamais en aucun temps sa pensée ne s'était portée sur Frédéric, et elle le regardait avec une curiosité mêlée de défiance. Dans un élégant costume de matin, avec son air de biche effarouchée, elle était charmante, et le jeune officier reconnut tout d'abord que son cousin avait eu bon goût.

— Madame, dit-il enfin avec courtoisie, vous êtes sans doute étonnée de me rencontrer à cette heure dans votre parc; vous ignorez qui je suis. J'appartiens à la famille du comte Sigismond; vous avez devant vous Frédéric de Stolzenfels, le plus humble de vos serviteurs.

— Je sais, monsieur, répondit Édith, les droits que vous a donnés le comte Sigismond; si vous ne les teniez pas de la volonté de votre parent, croyez bien que mon mari se fût empressé de vous les accorder.

En achevant ces mots d'une voix un peu émue, elle voulut poursuivre sa promenade ; mais l'allée était étroite, et Frédéric montrait peu d'empressement à lui livrer passage.

— Madame, reprit-il, vous voudrez bien me pardonner de ne m'être pas encore présenté chez vous. Depuis la mort du comte, mon service m'a retenu loin d'Hildesheim, et je n'ai obtenu que la semaine dernière le congé que je mets maintenant à profit.

— Pourquoi chercher à vous excuser, monsieur? répliqua Édith avec un triste sourire. En fait d'égards et de bienveillance, nous n'avons pas été gâtés par votre famille. Vous, du moins, monsieur, vous ne nous devez rien, et de votre part un peu de rancune semblerait chose toute naturelle.

— Moi, de la rancune! repartit vivement Frédéric : j'en avais peut-être hier, peut-être encore ce matin ; à cette heure, madame, je ne m'en souviens plus. J'ignore quelles sont vis-à-vis de vous les dispositions de mes tantes, du major Bildmann et de la très-vénérable Dorothée. Si mes tantes ont manqué de politesse, je suis loin de les approuver. Ce sont de vieilles filles ; il faut savoir pardonner quelque chose aux rancunes du célibat. Quant au major, c'est un manant; sa femme est une péronnelle, et la conduite de ces gens-là, quelle qu'elle soit, ne mérite pas seulement qu'on s'en préoccupe. Pour moi, madame, je suis loin d'en vouloir au comte Sigismond; maître absolu de sa fortune, il a bien fait d'en disposer en faveur d'une jeune et gracieuse châtelaine. Je ne l'en blâme pas, je l'approuve, je l'en remercie. Un frais visage est toujours et partout le bienvenu.

Comme Édith rougissait et ne répondait pas :

— Eh bien, madame, continua Frédéric, qui ne voulait pas laisser tomber l'entretien, comment passez-vous votre temps? comment égayez-vous vos journées? Le château d'Hildesheim est, à ce qu'on dit, un chef-d'œuvre d'architecture; mais, à coup sûr, il n'est pas fait pour inspirer la joie. Avez-vous visité les environs? Aimez-vous la chasse, les courses à cheval? Votre mari est-il de joyeuse humeur? S'il y consent, nous chasserons ensemble, et j'espère, madame, que vous voudrez bien parfois être de la partie.

— Jusqu'ici, monsieur, répondit Édith, nous n'avons reçu personne au château; personne n'est venu troubler notre solitude. Quelle distraction puis-je attendre, si tout le monde s'éloigne de nous?

— Le beau malheur! s'écria Frédéric en riant,

vous voilà bien à plaindre, parce qu'un tas de hobereaux entichés de leurs quartiers ne vous invitent pas à partager leur ennui et leur maigre pitance! Vous ne savez donc pas que la plus grande politesse qu'ils puissent faire aux gens est de s'enfermer dans leurs pigeonniers. Malgré quelques petits travers, mes tantes sont au fond d'excellentes créatures; mais, entre nous, on ne s'amuse pas chez elles. Le major est un sac à vin. Croyez-moi, madame, et laissez-moi faire; votre vie aura bientôt changé d'aspect. Aujourd'hui même, je veux connaître votre mari. Je jurerais que nous nous conviendrons. S'il le permet, je vous ferai les honneurs du pays. Il est musicien, j'aime la musique. S'il n'aime pas la chasse, je lui apprendrai à l'aimer. Je veux vous montrer une chasse à courre; vous verrez un beau spectacle. Le gibier ne manque pas à Hildesheim; depuis mon dernier congé, je ne pense pas qu'on lui ait fait une bien rude guerre. Tant que les chevreuils et les faisans n'auront à redouter que le plomb du major, ils vivront en repos et se multiplieront. Vous montez à cheval? Si vous avez besoin de quelques leçons, je serai toujours à vos ordres. Faut-il dresser pour vous un alezan et le rendre docile comme un mouton? vous pouvez compter sur moi; j'ai fait mes preuves. Au régiment, j'ai dompté des chevaux dont personne ne pouvait avoir raison. J'en sais un dans les écuries du château qui n'a pas encore quatre ans : je veux qu'avant huit jours il s'agenouille devant vous, qu'il hennisse de joie en vous apercevant, qu'il vienne manger dans votre blanche main.

Tout en causant ainsi, ils se promenaient dans le parc. Sans y songer, sans y prendre garde, Édith s'était mise à marcher près de Frédéric, et tous deux allaient à pas lents le long des charmilles. Le brouillard s'était dissipé : il ne restait plus que de blanches vapeurs qui s'accrochaient aux branches et s'éparpillaient çà et là comme des flocons de ouate. Le soleil triomphant s'était emparé du ciel ; la nature, ranimée et joyeuse, semblait croire au retour du printemps. Édith souriait aux gais projets de Frédéric ; Frédéric admirait la beauté, la grâce d'Édith, et se disait qu'en fin de compte son cousin avait été moins généreux qu'on ne se plaisait à le dire. Il y avait pourtant dans le maintien et dans tous les discours de cette jeune femme quelque chose de grave, d'honnête et d'ingénu qui le déroutait singulièrement et l'embarrassait malgré lui. La chasteté a son parfum auquel les libertins eux-mêmes ne se trompent guère. Plus d'une fois Frédéric avait essayé de donner à l'entretien un tour plus vif et plus piquant ; il s'était toujours arrêté devant le sourire naïf ou le regard étonné de la châtelaine. Déjà il se demandait avec inquiétude s'il ne s'était pas trop pressé d'ajouter foi aux assertions de ses deux tantes. Pour savoir à quoi s'en tenir, il amena résolument la conversation sur le comte d'Hildesheim ; tandis qu'il parlait, il regardait Édith, pour surprendre sur son front et dans ses yeux le trouble et la confusion d'un tendre souvenir. Édith, calme et sereine, effeuillait sous ses doigts une rose d'automne qu'elle avait cueillie en passant. Poussé à bout :

— Convenez, madame, s'écria-t-il enfin, qu'avec toutes ses bizarreries, le comte Sigismond était un galant homme. Pour ma part, je l'aimais, et je comprends très-bien qu'il ne vous ait pas été indifférent.

Pour toute réponse, Edith raconta naïvement, en quelques mots, de quelle manière elle avait connu le comte Sigismond, et l'unique soirée qu'il avait passée auprès d'elle à Munich. Tout cela fut dit avec tant de candeur, avec un tel accent de vérité, que Frédéric, lorsqu'elle eut achevé, demeura confondu.

— Comment ! s'écria-t-il, vous ne l'avez vu qu'une fois ! et il s'est présenté lui-même ! et il est parti sans vous dire son nom ! et vous ne l'avez jamais revu depuis ?

— Jamais, monsieur.

— Franchement, reprit Frédéric, à la place de mon noble parent, je n'aurais pas été si discret.

Puis Édith, pressée de questions, en vint à parler de Muller, de ses enfants, de Spiegel, de la vie paisible et laborieuse qu'ils menaient ensemble à Munich. La vérité sans voile se laissait voir au fond de ses discours, comme une belle fleur épanouie sous le cristal d'une eau transparente. Frédéric, en l'écoutant, allait de surprise en surprise.

— Tenez, monsieur, voici mes enfants, s'écria tout à coup Édith en lui montrant Hermann et Marguerite qui accouraient du bout de l'avenue. Vous ai-je trompé? Sont-ils beaux et charmants?

Frédéric examina la petite fille avec une attention scrupuleuse; mais vainement chercha-t-il sur ce minois rose et frais un trait, une ligne, un signe qui rappelât le pâle et long visage du comte Sigismond. En voyant cette jeune mère et ces jolis enfants qui se disputaient ses baisers, il comprit jusqu'à l'évidence que ses tantes se méprenaient.

Ils se séparèrent à quelques pas du château. Édith rentra et trouva le salon désert; Muller était déjà sorti. Elle s'accouda sur l'appui d'une fenêtre ouverte, et se mit à rêver à toutes les scènes de bruit et de mouvement dont Frédéric venait de l'entretenir, à la vie nouvelle qu'il venait de lui faire entrevoir comme une rive enchantée et prochaine.

Au bout de quelques instants, elle entendit le son éclatant des fanfares : c'était Frédéric, en habit de chasse, suivi de la meute complète, escorté de tous les piqueurs. En passant sous la croisée où Édith se tenait assise, il retint avec grâce l'ardeur de son cheval, s'inclina, partit au galop, et, près de disparaître, au détour de l'allée, se retourna pour saluer une fois encore le doux visage qui le suivait des yeux. Son costume faisait valoir toute l'élégance de sa taille; Édith ne put s'empêcher de remarquer la bonne mine de son nouvel hôte.

XI

Le premier mouvement de Frédéric, après avoir découvert sa méprise, n'avait pas été, comme on pourrait le supposer, de s'indigner contre la calomnie, de s'accuser lui-même, de se repentir et de renoncer à ses espérances. En admettant comme véridiques les soupçons injurieux de ses tantes, Frédéric n'avait cru porter atteinte ni à la mémoire de son cousin ni à la considération d'Édith. Édith, en effet, eût aimé le comte Sigismond, le comte Sigismond eût payé son bonheur du don de ses domaines, la femme de Muller eût accepté sans hésiter le prix de sa tendresse ou de sa complaisance, le jeune officier n'aurait vu là rien que de simple et de légitime. Habitué depuis longtemps à ces sortes de transactions, Frédéric n'était pas homme à s'effaroucher pour si peu. Non qu'il manquât d'honneur, de délicatesse et de loyauté; seulement, toutes les fois qu'il s'agissait d'appliquer la morale à l'amour, il était rempli d'indulgence. Dans la découverte qu'il venait de faire, il n'avait compris qu'une chose : la place ne se rendrait pas aussitôt qu'il l'avait d'abord espéré.

— Allons, s'était-il dit en soupirant, il faudra faire un siége en règle. Eh bien! cela m'occupera et me formera. Il me reste toujours une revanche à prendre, et si ce n'est pas sur mon cousin, c'est sur Muller que je la prendrai.

Dès le lendemain, il se présentait chez Muller.

En homme habile, il sut dès les premiers jours se concilier l'amitié du mari et des enfants. Par une contradiction que les esprits clairvoyants s'expliqueront sans doute, Ulrique et Edwig lui avaient donné des jouets et des bonbons pour les enfants. Quant à Franz, Frédéric n'eut vraiment pas grand'peine à le gagner. Le nouveau maître d'Hildesheim était si peu résigné à l'isolement que lui avaient fait les Bildmann et les Stolzenfels, qu'il accueillit Frédéric avec l'empressement et la gratitude des parias quand ils reçoivent par hasard un témoignage d'affection et de bienveillance. Les visites de Frédéric n'étaient-elles pas une protestation éclatante contre l'insolence des vieilles filles, du major, de Dorothée et de tous les hobereaux des environs? Frédéric, d'ailleurs, était un bon vivant, qui se mettait partout à l'aise et devinait avec une rare sagacité le caractère des hommes à qui il avait affaire. Sous des dehors insouciants, il cachait un esprit fin et observateur. En cette occasion, sa sagacité ne fut pas soumise à une épreuve difficile, car Muller, dès la première entrevue, lui ouvrit son cœur tout entier.

A partir de ce jour, Frédéric se trouva établi chez ses hôtes sur le pied de la familiarité.

Sa présence jeta un peu d'animation dans ce ménage qui s'attristait de plus en plus. La gaieté de son humeur, la verve et l'entrain de son caractère, la vivacité de ses reparties, les mille enfantillages auxquels il se livrait pour amuser Hermann et Marguerite, avait réveillé la vie dans cette famille dépaysée. Il organisait des parties de chasse, des parties de pêche, des promenades à cheval, de joyeux pèlerinages aux ruines d'alentour. Fidèle à ses engagements, il avait dressé pour Edith un bel alezan aux jambes de cerf, au cou de cygne, à la tête fine et busquée, plein de fougue et d'ardeur, mais docile à la voix de sa jeune et jolie maîtresse. Frédéric excellait à tous les exercices du corps. Il tuait les chevreuils sous le nez de Muller, et, quand ils chevauchaient tous deux auprès d'Édith, la jeune femme ne pouvait s'empêcher d'établir entre les deux cavaliers une comparaison qui n'était pas toujours à l'avantage de son mari.

Au bout de quelques semaines, les enfants ne pouvaient plus se passer de Frédéric, Muller ne mangeait avec appétit que lorsqu'il l'avait à sa table, et le grondait s'il restait plus d'un jour sans venir s'asseoir à son foyer. Édith elle-même, sans ressentir pour lui une vive affection, le remerciait tout bas d'avoir presque dissipé le sombre ennui qui la consumait.

Ainsi qu'il l'avait dit, Frédéric aimait la musique, il chantait le soir avec Édith, tandis que Franz, enfoncé dans un large fauteuil, méditait à loisir les exploits et les assignations qui tombaient comme grêle au château depuis que maître Wolfgang, au nom du nouveau châtelain d'Hildesheim, avait donné signe de vie aux adversaires du comte Sigismond et déchaîné toute l'armée de la chicane. Bref, en moins d'un mois, le jeune officier était parvenu à se rendre indispensable. Il n'avait jamais aimé sérieusement; tout en rendant justice à la grâce d'Édith, réussir auprès d'elle n'était pour lui qu'une affaire de passe-temps et de vanité. Muller lui avait pris le château d'Hildesheim ; prendre Édith à Muller lui semblait de bon goût et de bonne guerre. Mieux il comprenait qu'il avait devant lui une femme résolue à la résistance, ou qui plutôt, dans la candeur de son âme, ne s'attendait pas à l'attaque, plus il se piquait au jeu et se faisait un point d'honneur d'emporter une place si forte qu'elle paraissait imprenable. Assuré d'ailleurs que l'audace et la présomption n'étaient pas ici un moyen de succès, il menait son entreprise à petit bruit ; il ne hasardait pas une parole qui pût alarmer le cœur d'Édith ; en attendant l'occasion de lui déclarer son amour, il professait pour elle une amitié désintéressée, chevaleresque, si bien qu'Édith, dans sa pensée, le comparait parfois à Spiegel.

Un incident frivole vint encore affermir le crédit de Frédéric dans le ménage de nos amis.

On n'a pas oublié que le major Bildmann et les demoiselles de Stolzenfels, profitant de l'indulgence du comte Sigismond, avaient pris dans le parc d'Hildesheim un coin de terrain pour leur usage personnel, et l'avaient entouré d'une haie vive. On se souvient que Muller, dans un louable sentiment de condescendance, avait légitimé cette double usurpation. Le malheureux ne se doutait pas des désastres que sa tolérance devait entraîner.

On touchait à la fin d'octobre.

Un matin, à l'heure où le parc était habituellement désert, Hermann et Marguerite rôdaient autour de l'enclos Bildmann comme deux jeunes loups autour d'une bergerie. Ils avaient, pour se promener et s'ébattre en liberté, un parc de deux cents arpents; mais ils en faisaient fi et ne se sentaient attirés que par les deux coins de terrain où il leur était interdit de pénétrer. Une fois déjà ils s'étaient introduits furtivement dans l'enclos des Stolzenfels, ce qui avait valu à Muller des récriminations assez aigres de la part d'Hedwig et d'Ulrique.

Un matin donc, ne se souvenant déjà plus de l'admonestation paternelle, ils rôdaient autour de l'enclos Bildmann. La passion du fruit défendu se trahissait dans les regards curieux et avides qu'ils plongeaient entre les éclaircies de la haie à demi dépouillée. Marguerite voyait des touffes éblouissantes de dahlias et de chrysanthèmes; Hermann apercevait un magnifique cerf-volant qui faisait depuis quinze jours les délices et l'orgueil d'Isaac. Ils s'en étaient tenus d'abord à une contemplation silencieuse; mais bientôt, poussés par le démon de la convoitise, s'encourageant, s'excitant l'un l'autre, ils s'étaient mis à fureter, chacun de son côté, pour découvrir une ouverture qui leur permit d'entrer dans ce jardin des Hespérides. Hélas! sur tous les points, la haie était épaisse, impénétrable, et trop élevée d'ailleurs pour qu'Hermann songeât à sauter par-dessus. Les lézards et les roitelets pouvaient seuls s'aventurer dans ce fourré d'ajoncs, d'épines et de houx. Découragés, les deux enfants allaient renoncer à l'entreprise, quand tout à coup, ô surprise! ô bonheur! Hermann, par un mouvement de révolte et de mutinerie, s'étant avisé d'envoyer un violent coup de pied dans la porte, la porte céda et s'ouvrit; contre son habitude, le major avait oublié la veille de donner un tour de clef à la serrure.

Après s'être assurés que personne n'était là pour les observer, Hermann et Marguerite se glissèrent dans l'enclos, et tandis que Marguerite moissonnait les plus belles fleurs, qu'elle déposait dans un pan de sa robe, Hermann s'emparait du cerf-volant, déroulait le peloton de ficelle et se disposait à l'enlever. Quelle joie! quelle fête! Avec quelle ardeur Marguerite saccageait toutes les plates-bandes! Quelle attitude triomphante avait Hermann offrant à la bise d'octobre le cerf-volant, qui, déjà soulevé, agitait, en signe d'allégresse, sa belle queue de papier frisé! Mais voici bien une autre affaire! Isaac Bildmann se précipite dans l'enclos, reconnaît son cerf-volant, se jette sur Hermann et le lui arrache des mains. Hermann n'avait pas sur le tien et le mien des idées bien nettes ni bien arrêtées; il reprend le cerf-volant et distribue quelques bourrades à Isaac, qui réplique sur le même ton. Une lutte en règle s'engage bientôt entre les deux champions. Isaac est plus âgé, plus robuste, plus vigoureux; Hermann est plus ardent, plus brave, plus alerte. La victoire est longtemps incertaine; Isaac va l'emporter peut-être, quand Marguerite, inspirée par l'amour fraternel, se met de la partie, et, tout en retenant d'une main le pan de sa robe où elle a serré sa moisson, elle tire de l'autre la jambe du petit Bildmann, qui roule sur le gazon.

En héros généreux, Hermann n'abusa pas de son triomphe; content de voir son ennemi terrassé, il s'éloignait avec le cerf-volant, entraînant avec lui Marguerite, tandis qu'Isaac, resté sur la place, poussait des cris de blaireau pris dans un traquenard. Nos deux vainqueurs hâtaient le pas; comme ils allaient franchir la porte de l'enclos, le major parut sur le seuil. Arracher le cerf-volant des mains d'Hermann, renverser les fleurs que Marguerite emportait dans sa robe, ce fut pour lui l'affaire d'un instant. Il ne s'en tint pas là ; exaspéré par les cris d'Isaac, ayant à cœur de venger l'honneur des Bildmann outragé dans la personne de son fils, il saisit l'oreille d'Hermann, et, dans un accès de cruauté, la tira jusqu'au sang. En entendant crier son frère, Marguerite, à son tour, se mit à crier. Attirée par tout ce vacarme, la valetaille était accourue ; Ulrique et Hedwig, à leur fenêtre, approuvaient du geste et de la voix la brutalité du major. Au milieu de cette scène de désordre, Muller survint ; il voulut savoir et se fit expliquer la cause de la querelle.

— Vos enfants, répondit brusquement le major, se sont permis d'entrer dans mon jardin, dans l'enclos que je me suis réservé, qui m'appartient, qui n'appartient qu'à moi. Votre fille a saccagé mes plates-bandes ; ce petit vaurien a pris le cerf-volant d'Isaac, et, pour garder le bien d'autrui, il n'a pas craint de frapper le fils du major Bildmann. Grâce à Dieu, la vengeance ne s'est pas fait attendre ; je lui ai tiré les oreilles, et je lui promets de recommencer chaque fois qu'il frappera mon fils.

Hermann pleurait en silence, Marguerite sanglotait, Muller était blanc de colère.

— Que parlez-vous d'enclos et de jardin ? s'écriat-il s'adressant au major. Il n'y a ici qu'un maître, c'est moi, et vous le savez. Jusqu'ici, j'ai toléré, de votre part, ce ridicule empiétement; à compter d'aujourd'hui, j'entends et je veux que cette haie soit abattue. Le testament du comte est formel ; il vous abandonne la jouissance d'une aile du château; il ne dit pas un mot de votre enclos, de votre jardin. Les fleurs qu'a cueillies Marguerite sont bien à elle puisqu'elles sont à moi. Quant à Hermann, s'il a pris le cerf-volant de votre fils il a eu tort, mais il suffisait de le gronder; vous l'avez battu, c'est une lâcheté.

A ce dernier mot, le major bondit comme s'il eût senti tout son sang indigné bouillonner dans ses veines.

— Monsieur, s'écria-t-il en marchant vers Muller dans une attitude militaire, vous savez sans doute qu'une telle parole ne s'efface que dans le sang ?

— Donnez à mes paroles le sens qu'il vous plaira, répliqua Muller hors de lui, et ne songeant pas à reculer d'une semelle; si vous voulez une réparation, vous l'aurez aussi complète que vous pourrez la désirer. Je me mets à vos ordres.

Jusque-là, le major s'était montré d'autant plus intraitable, d'autant plus hautain, qu'il ne croyait pas le musicien en état de lui tenir tête. Enhardi par l'air doux et timide que Muller avait habituellement, il était brave tout à son aise. Quand il vit que Franz le prenait au mot, il regretta son imprudence. Cependant, pour se ménager une retraite, il continuait d'élever la voix, espérant que Muller ne tarderait pas à revenir sur sa première résolution et se déciderait à dénouer la querelle d'une façon moins belliqueuse. Franz, de plus en plus irrité, refusait de rien entendre. Les deux vieilles filles, qui, de leur fenêtre, assistaient à cette scène et semblaient applaudir le major, avaient achevé de l'exaspérer.

— Je vous le répète, monsieur, s'écria-t-il d'une voix altérée mais ferme, vous aurez la réparation que vous demandez. Je n'ai jamais touché ni une épée ni un pistolet; mais peu importe, nous nous battrons demain, aujourd'hui, tout à l'heure, quand vous voudrez.

A cet aveu, rassurant pour son courage, le major releva fièrement la tête. Pourtant, ne voulant pas exposer sa poitrine à un coup fourré, sa tête à quelque balle étourdie :

— Monsieur Muller, reprit-il avec dignité, vous avez en moi un loyal adversaire. Vous ne connaissez ni l'épée ni le pistolet : ces deux armes me sont depuis longtemps familières; pour égaliser les chances nous nous battrons au sabre.

— Au sabre, au fusil, répliqua Muller; pour châtier votre insolence, toutes les armes me seront bonnes.

Et, prenant ses deux enfants par la main, il tourna le dos au major.

XII

Retirée au fond de son appartement, Édith n'avait rien entendu. En voyant entrer son mari, encore pâle et tremblant de colère, elle se leva toute troublée et courut à lui. Franz n'était pas fâché de prouver à sa femme qu'il ne manquait au besoin ni de fermeté ni de caractère : il raconta ce qui venait de se passer. Vainement Édith essaya de le ramener à des sentiments plus pacifiques, de lui montrer toute la puérilité d'un duel engagé à propos d'un cerf-volant.

— Peu importe la cause! répondit Muller d'un ton décidé; je suis las de l'insolence des Bildmann et des Stolzenfels. L'occasion se présente aujourd'hui de leur apprendre clairement ce que je pense de leur conduite, et je dois la saisir avec empressement. Je vais, dès ce matin, m'occuper de chercher mes témoins. Je suis sûr que Frédéric ne refusera pas de m'assister dans une affaire d'honneur. Il doit avoir un sabre, il me le prêtera; car c'est au sabre que nous nous battons.

— Au sabre! s'écria Edith épouvantée.

— Ne t'effraye pas, répliqua Franz en l'embrassant, j'ai la main heureuse, et je m'engage à t'apporter demain les deux oreilles du major.

Il s'arracha aux étreintes de sa femme éplorée et sortit. Quelques instants après, Frédéric entra et trouva Édith en larmes. Il revenait de la chasse et ne savait rien.

— Qu'est-il arrivé, grand Dieu! dit-il en s'approchant d'Édith avec intérêt; madame, qu'avez-vous? Un de vos enfants se serait-il blessé? Parlez, de grâce! parlez, je vous en prie!

Et, pour la première fois, il osa lui prendre les mains.

— Monsieur Frédéric, s'écria Édith d'une voix suppliante, promettez-moi, jurez-moi, sur la mémoire de votre mère, que vous ne prêterez pas votre sabre à mon mari!

— Mon sabre! dit Frédéric étonné; qu'en veut-il faire?

— Il veut se battre.

— Avec qui ?

— Avec le major ! s'écria Édith éclatant en sanglots.

Puis elle raconta en pleurant la scène du jardin.

— N'est-ce que cela ? dit Frédéric en riant ; laissez-moi faire, et séchez vos larmes ; le major entendra raison.

— Que ferez-vous ? que pouvez-vous faire ? reprit Édith en se tordant les bras ; le mal est désormais sans remède. Mon mari a été provoqué, il est sorti pour chercher des témoins. Franz est doux comme un agneau, mais il est brave comme un lion. Toutes mes prières ont échoué contre sa volonté : il veut se battre, il se battra, et l'affreux major le tuera.

— Bah ! s'écria Frédéric, le major n'a jamais tué et ne tuera jamais personne.

— Il le tuera, vous dis-je ! C'est un homme de guerre, tandis que Franz n'a jamais mis le pied dans une salle d'armes.

— Rassurez-vous, madame, reprit Frédéric d'un ton d'autorité ; je vous promets qu'ils ne se battront pas. Attendez-moi ; avant une heure je vous apporterai des paroles de paix.

— Monsieur Frédéric, ajouta Édith, heureuse et pourtant alarmée de l'intervention du jeune officier; vous êtes militaire, vous savez qu'un homme tient par-dessus tout à son honneur. J'aime mon mari; pour le sauver, je verserais tout mon sang avec joie, mais l'honneur de mon Franz ne m'est pas moins cher que sa vie.

— Je vous comprends, madame, répondit Frédéric sincèrement ému. Dans la démarche que je vais faire et dont je garantis le succès, il ne sera rien dit, il ne sera rien fait, je vous en donne ma parole, rien qui puisse porter atteinte à l'honneur, à la dignité, au légitime orgueil de l'homme que vous aimez.

Après avoir salué Édith avec respect, il se rendit chez le major Bildmann, et là, sans préambule, sans exorde, il aborda cavalièrement le sujet de sa visite.

— J'apprends, major, que vous allez vous battre.
— C'est la vérité.
— Votre résolution...
— Est inébranlable. On m'apporterait des excuses que je ne les accepterais pas.
— Ainsi, major, vous êtes bien décidé?
— Je suis tout prêt; tenez, voilà mon sabre.

— En ce cas, je dois vous dire qu'avant de vous battre avec M. Muller, vous avez une affaire à vider avec moi.

— Vous voulez rire?

— Avec vous, major, je ne ris jamais. Plus d'une fois, je le sais, devant témoins, dans des lieux publics, vous vous êtes permis sur mon compte des propos plus que légers. Jusqu'ici, je me suis abstenu de vous demander une réparation. Je respectais en vous la vie d'un chef de famille; mais puisque vous exposez, sans hésiter, de gaieté de cœur, une vie qui ne vous appartient pas, qui appartient à votre femme, à votre enfant, je prétends user aujourd'hui de mon droit dans toute sa rigueur. Vous m'avez offensé, offensé plus d'une fois; ma patience est à bout, et vous me rendrez raison.

Au ton résolu de Frédéric, le major comprit qu'il s'agissait d'une provocation sérieuse. Il n'avait pas pour l'odeur de la poudre une passion bien décidée, et la lame d'une épée lui donnait des éblouissements.

— Avant de vous rendre raison, dit-il à Frédéric, j'espère, monsieur, que vous voudrez bien m'expliquer la nature de l'offense dont vous demandez réparation.

— Vraiment, répliqua Frédéric, j'aurais fort à faire si je voulais rappeler ici tous les propos impertinents que vous avez tenus sur mon compte. Je n'aurais que l'embarras du choix. Vous savez aussi bien que moi ce que vous avez dit, et je n'ai pas besoin de vous rafraîchir la mémoire. Tenez, pour ne vous citer qu'un propos entre mille, n'avez-vous pas dit que j'avais dissipé mon patrimoine dans les tripots? L'avez-vous dit, oui ou non?

— Je ne m'en défends pas, répondit Bildmann; mais vous-même, n'avez-vous pas répandu le bruit que j'avais mangé la dot de ma femme au cabaret?

— N'avez-vous pas donné à entendre, poursuivit Frédéric, qu'après avoir ruiné mes tantes, j'étais venu vivre aux dépens de mon cousin? Est-ce vrai, oui ou non?

— J'en conviens, répondit le major; mais vous-même, n'avez-vous pas prétendu qu'après avoir mis ma femme et mon enfant sur la paille, j'étais venu ici, comme un mendiant, trop heureux de trouver chez le comte un gîte et un morceau de pain?

— J'ai dit sur vous ce qu'il m'a plu de dire, reprit Frédéric avec hauteur; je n'ai jamais fait mystère des sentiments que vous m'inspirez. Quant à ce que vous pouvez dire de moi, c'est autre chose. Je vous défends de prononcer mon nom autrement qu'avec respect, avec déférence. Ceci est pour l'avenir; quant au passé, je vous en demande raison.

— Vous penserez de moi tout ce que vous voudrez, repartit le major d'un air magnanime; les preuves du major Bildmann sont faites depuis longtemps. Je n'ai pas à redouter l'opinion. Je vous le répète, jeune homme, pensez de moi ce que vous voudrez; jamais je ne consentirai à me battre avec un parent.

— Puisqu'il en est ainsi, major, vous ne vous battrez avec personne, car je n'entends céder mon tour ni à M. Muller ni à d'autres. Votre vie m'appartient, et vous ne pouvez en disposer sans ma permission.

— J'ai provoqué Muller, dit le major. J'en suis fâché pour vous, mais l'affaire est maintenant trop avancée pour en rester là.

— Vous avez une manière toute simple de l'arrêter.

— Laquelle, je vous prie?

— Faites des excuses.

— Jamais, monsieur, jamais! s'écria héroïquement le major.

— A votre aise, poursuivit Fréderic. Encore un mot, et j'aurai fini. Si ce soir, à neuf heures, M. Muller n'a pas reçu vos excuses, demain, au point du jour, vous vous battrez avec moi.

— Vous êtes las de vivre, vous voulez votre mort; eh bien ! nous nous battrons.

— Major, ajouta Frédéric, méditez les dernières paroles que vous venez d'entendre ; vous avez jusqu'à ce soir pour y réfléchir.

Le soir même, une heure avant le terme fatal, Muller recevait, en présence de Frédéric, une lettre ainsi conçue :

« Monsieur,

» Si j'en étais encore à faire mes preuves de courage, je pourrais éprouver quelque embarras à vous présenter mes excuses pour un moment de vivacité; mais j'ai versé mon sang sur plus d'un champ de bataille, et je n'hésite pas à retirer la provocation que je vous ai adressée ce matin. Croyez, monsieur, que je regrette sincèrement les paroles qui me sont échappées et qui devaient amener entre nous une rencontre sanglante. J'espère que vous accepterez avec empressement les excuses du major Bildmann; c'est la première fois que j'écris de telles paroles.

» Le major BILDMANN. »

Après avoir achevé la lecture de cette épître, Muller, se croyant un foudre de guerre, la remit d'un air de triomphe entre les mains d'Édith, qui remercia Frédéric par un regard où éclatait sa reconnaissance. Malheureusement cette affaire ne devait pas en rester là, car l'apologie présentée par le major était accompagnée d'un post-scriptum.

« *P. S.* Pour éviter à l'avenir tout sujet de contestation entre nous, avertissez vos enfants qu'ils ne doivent jamais pénétrer dans mon enclos. »

Ce post-scriptum était gros d'orages.

XIII

Dès le lendemain, au lever du soleil, Muller fit appeler les jardiniers du château et leur donna l'ordre d'arracher sans délai les haies vives qui servaient de limites à l'enclos Bildmann et à l'enclos Stolzenfels. Depuis longtemps sa patience était à bout, et le post-scriptum de la lettre du major avait comblé la mesure. Muller éprouvait le besoin impérieux de faire acte d'autorité, d'user de ses droits avec une sévérité absolue, de réduire au silence toutes les prétentions impertinentes des Bildmann et des Stolzenfels. Depuis son arrivée au château, il avait toujours montré à ses hôtes tant de tolérance et de générosité, je pourrais dire tant de clémence et de mansuétude, que les jardiniers, en entendant l'ordre qui leur était signifié, ne purent retenir un cri d'étonnement.

Il y avait trois jardiniers au château, qui tous avaient vu naître le comte Sigismond, et s'étaient habitués à regarder comme bien fait tout ce qu'il laissait faire. Le plus âgé des trois prit la parole au nom de ses camarades, et s'adressant à Muller :

— Vous n'y songez pas, monsieur ! Ces deux enclos ne sont pas à vous ; ils appartiennent au bon major et aux bonnes demoiselles. Cinq ans avant votre arrivée au château, nous avons planté sous les yeux du comte Sigismond les haies que vous voulez arracher aujourd'hui.

— Obéissez, répliqua Muller d'une voix sèche qui ne souffrait aucune objection. Il n'y a ici d'autre maître que moi ; c'est à moi seul que vous devez obéir.

— Ma foi, monsieur, répondit l'orateur de la troupe, nous n'osons pas prendre ça sur nous. Dites au bon major et aux bonnes demoiselles de nous le commander, et ça se fera.

— Comment, drôles ! reprit Muller de plus en plus exaspéré, vous refusez de m'obéir ? Je vous chasse tous trois.

— Allez, allez, nous connaissons le testament. Vous ne pouvez pas nous renvoyer : monsieur le comte a pris soin de nous. C'était, celui-là, un bon maître! Vous êtes obligé de nous garder; c'est sa volonté, et nous resterons.

— Eh bien! s'écria Muller hors de lui-même, vous partirez aujourd'hui même. Je ne veux pas garder chez moi un jour de plus des serviteurs insolents.

— A votre aise, monsieur, reprit le jardinier. Nous connaissons nos droits, et nous les ferons valoir.

A ces mots, ils s'éloignèrent tous trois, à pas lents, en jetant sur Muller des regards qui semblaient le narguer.

Muller, sans perdre un instant, ordonna à Wurm de faire venir des cantonniers qui, depuis quelques semaines, réparaient la route d'Hildesheim à Muhlstadt. Wurm obéit, et une heure après l'enclos Bildmann et l'enclos Stolzenfels n'existaient plus. Dire la colère qui transporta le major, Dorothée, Hedwig et Ulrique, serait chose impossible, et je ne veux pas l'essayer. Pour reprendre possession de ces deux enclos, qu'ils s'étaient habitués à regarder comme leur bien, les Bildmann et les Stolzenfels résolurent, d'un commun accord, de planter des pieux, de tendre des cordes, et de rétablir ainsi provisoirement la limite de leur propriété. Deux heures après, Muller donnait l'ordre de couper les cordes, d'arracher les pieux, et, comme il le disait, force restait à la loi.

Le soir même, comme il s'applaudissait avec Édith de la vigueur qu'il venait de montrer, Wurm lui remit une assignation en bonne forme. Cette assignation, libellée avec toute l'élégance du style judiciaire, enjoignait au légataire universel du comte Sigismond de réintégrer dans leurs fonctions les trois jardiniers qu'il avait congédiés le matin, aux termes du testament qui l'avait investi de la propriété d'Hildesheim.

— Allons donc ! s'écria Muller en achevant la lecture de ce grimoire ; il serait plaisant d'être obligé de garder chez soi des marauds qui vous narguent et refusent d'obéir ! S'ils veulent plaider, nous plaiderons. Les tribunaux ne se méprendront pas sur la volonté du comte Sigismond. L'intention du testateur n'a pu être de m'imposer des serviteurs indociles et impertinents.

Muller s'endormit joyeux et fier de sa conduite, sans prévoir l'orage qui grondait sur sa tête. Le lendemain, comme il achevait de déjeuner et s'apprêtait à sortir, Wurm lui remit, en souriant, deux chiffons de papier couverts d'une écriture illisible, ornés de paraphes au bas de chaque page.

— Qu'est-ce encore ? dit Muller, qui déjà mettait son chapeau sur sa tête et disait adieu à sa femme.

— Monsieur, reprit Wurm d'un air demi-railleur, demi-triomphant, c'est de la part du major Bildmann et des demoiselles de Stolzenfels.

Wurm sortit en se frottant les mains; Muller se rassit, et jeta les yeux sur les papiers qu'on venait de lui remettre : c'était une double assignation au nom du major et des vieilles filles, qui, se fondant sur la tolérance du comte Sigismond et sur les termes du testament, qu'ils interprétaient à leur manière, prétendaient rétablir, aux frais de Muller, les deux haies qu'il avait arrachées.

— De mieux en mieux ! s'écria Muller; l'hiver se prépare bien : voilà de quoi occuper nos soirées. C'est la guerre civile, et, sur ma foi, le vieux corbeau et les vieilles pies trouveront à qui parler.

Fier de son bon droit, ou plutôt pour s'étourdir sur les inquiétudes qui pouvaient lui rester, pareil aux poltrons qui sifflent au moment de leur plus grande frayeur, Muller venait de se mettre à son clavecin et achevait la première page d'une sonate de Haydn, quand maître Wolfgang parut à la porte du salon.

— Pardieu ! s'écria Muller sans quitter sa place, c'est le ciel qui vous envoie. J'ai ici sous la main quelques petits papiers qui vous divertiront.

Et il remit à maître Wolfgang les trois assignations.

Maître Wolfgang s'assit, les lut en silence, parut méditer profondément, et, les déposant sur le clavecin :

— Cela est grave, monsieur Muller, très-grave, beaucoup plus grave que vous ne pensez. Il ne s'agit pas ici de bagatelle. Quant aux jardiniers, les termes du testament sont précis et formels; vous n'avez, dans aucun cas, le droit de les congédier.

— C'est trop fort! s'écria Muller. Ainsi maître Wolfgang, vous me conseillez de renoncer dès à présent à mes prétentions ?

— A Dieu ne plaise! répliqua maître Wolfgang. Si nos adversaires ont pour eux la lettre, nous avons pour nous l'esprit du testament. La lettre tue, mais l'esprit vivifie. Nous plaiderons, et, quoi qu'il arrive, ce sera toujours un procès fort intéressant.

— Nous plaiderons, dit Muller d'un ton résolu.

— Venons maintenant, reprit maître Wolfgang, à votre contestation avec le major Bildmann et les demoiselles de Stolzenfels. C'est très-grave. Dans quel état avez-vous trouvé le parc à votre arrivée au château? N'est-il pas vrai que le major et les demoiselles de Stolzenfels avaient dès lors la jouissance exclusive des deux enclos? N'est-il pas vrai que ces deux enclos avaient été, du vivant même du comte Sigismond, entourés d'une haie vive? C'est le cas d'invoquer un axiome que les tribunaux n'ont jamais refusé de reconnaître : Possession vaut titre. Si les prétentions du major et des demoiselles de Stolzenfels vous semblaient injustes, exagérées, il fallait, le jour même de votre arrivée, discuter ces prétentions par voie judiciaire. Vous n'en avez rien fait ; eh bien ! il n'y a pas deux manières d'interpréter votre silence : en n'agissant pas, vous avez consenti. Je ne dois pas vous dissimuler les conséquences de votre conduite. Quels que soient vos droits, il faut vous attendre à une vigoureuse résistance. Placé entre le major Bildmann et les demoiselles de Stolzenfels, vous avez, comme on dit, la main prise entre l'arbre et l'écorce. Ce n'est pas tout. On dira dans le pays que vous êtes sans pitié pour la famille du comte Sigismond, que vous êtes ingrat envers votre bienfaiteur, que vous répondez à sa générosité par une âpreté sans exemple. Rappelez-vous, monsieur, cette belle parole d'un écrivain antique : Le droit absolu n'est souvent qu'une injustice absolue. *Summum jus, summa injuria.* Vous ne pourrez pas faire un pas dans la campagne sans entendre derrière vous des murmures de réprobation ; les vieilles femmes vous désigneront du doigt à tous les enfants du pays comme l'ennemi, le spoliateur des Bildmann et des Stolzenfels. La charité de madame Muller, croyez-le bien, sera toujours impuissante à conjurer les haines que vous aurez soulevées. Elle aura beau multiplier ses aumônes, elle n'apaisera pas la colère excitée par votre conduite.

A ce tableau de la haine qu'il avait si peu méritée, Muller pâlit.

— Allons! dit-il avec l'accent de la résignation, que le major Bildmann et les demoiselles de Stolzenfels relèvent donc la haie de leur enclos, j'y consens.

Maître Wolfgang contemplait Muller avec orgueil ; il jouissait avec délices du trouble qu'il venait de jeter dans l'âme de son client. Muller attendait sa réponse comme un oracle. Après quelques instants de recueillement, maître Wolfgang rompit le silence :

— Les dispositions que vous montrez, monsieur Muller, dit-il en appuyant sur chaque syllabe, vous font le plus grand honneur. Votre empressement à saisir tous les moyens de conciliation qui se présentent révèle chez vous une générosité toute royale. Toutefois, je ne dois pas vous le cacher, il est trop tard maintenant pour adopter des mesures de conciliation. On vous a accusé de faiblesse; vous avez compris la nécessité de montrer de l'énergie, et vous avez bien fait. Sans doute, pour établir votre droit, vous

10.

aurez des luttes à soutenir ; mais le courage ne vous manquera pas, non plus que le secours de mes lumières. Songez d'ailleurs à ce qui arriverait si vous faisiez maintenant un pas en arrière. Si vos adversaires vous voient faiblir dans une occasion décisive, que n'exigeront-ils pas de vous? Avez-vous oublié ce que dit le fabuliste : « Laissez-leur prendre un pied chez vous, ils en auront bientôt pris quatre? » Le fabuliste a raison. Croyez-moi, monsieur Muller, si vous n'étiez pas courageux par tempérament, je vous conseillerais d'être courageux par calcul. Vous avez votre dignité à garder; il faut prendre rang dans le pays : il faut être maître chez vous.

— Eh bien, dit Muller, puisque toute conciliation vous semble désormais impossible, nous plaiderons.

Wolfgang s'accouda sur la table et couvrit ses yeux de ses mains.

— L'affaire est grave, très-grave, reprit-il après quelques minutes de réflexion.

— Enfin, décidez-vous! s'écria Muller qui perdait patience. Il faut céder ou plaider; je ne vois pas d'autre parti à prendre.

— Eh bien, répondit maître Wolfgang, nous plaiderons. L'affaire est grave, je le répète; mais ce sera un très-beau procès.

— Adieu donc, maître Wolfgang, dit Muller que cette conversation avait fatigué et qui n'était pas fâché de rester seul; adieu, revenez me voir dès que vous aurez entamé le procès, et surtout poussez-le avec vigueur.

Maître Wolfgang ne se levait pas. Muller le contemplait avec une curiosité mêlée d'étonnement. Maître Wolfgang avait ses raisons pour ne pas se retirer.

XIV

— Monsieur Muller, dit l'homme de loi, je ne vous ai pas encore dit l'objet de ma visite. J'ai écouté vos contestations avec les demoiselles de Stolzenfels, avec le major Bildmann, avec les jardiniers; il me reste à vous dire pourquoi j'étais venu.

Muller, justement effrayé de ces paroles mystérieuses, interrogeait en vain ses souvenirs; il se demandait, pour me servir d'une expression populaire, quelle nouvelle tuile allait lui tomber sur la tête. Maître Wolfgang, témoin de son anxiété, ne se pressait pas de l'éclairer.

— De grâce, monsieur, dit Muller, pour qui l'incertitude devenait un cruel supplice, apprenez-moi sans plus tarder de quoi il s'agit.

— Avant d'en venir à l'objet de ma visite, reprit

gravement maître Wolfgang, j'ai besoin de vous adresser quelques questions, et je vous prie de vouloir bien y répondre sans détour et sans réticence. N'oubliez pas que vous devez parler avec une franchise absolue à l'homme chargé de la défense de vos intérêts. Vous devez avoir pour moi la confiance du malade pour son médecin, du pénitent pour son confesseur. Songez qu'en me déguisant une part quelconque de la vérité, vous compromettez de la manière la plus fâcheuse le sort de votre cause.

Muller, de plus en plus inquiet, ne pouvait deviner où maître Wolfgang voulait en venir. Enfin l'homme de loi consentit à entamer l'exposé des faits. Toutefois, pour donner à son rôle plus d'importance et de grandeur, au lieu de raconter simplement ce qu'il savait très-bien, il préféra interroger son client comme l'eût fait un juge d'instruction.

— N'est-il pas vrai, monsieur Muller, que le domaine d'Hildesheim est traversé par une rivière?

— Rien n'est plus vrai, répliqua Muller; mais au fait! maître Wolfgang, au fait! Soyez clair, et surtout soyez bref.

— Eh bien, monsieur Muller, qu'avez-vous fait de cette rivière?

— Parbleu! j'y ai pêché, je m'y suis promené en

bateau avec ma femme et mes enfants. Que pouvais-je faire de plus ?

— Interrogez votre conscience, monsieur Muller; n'avez-vous rien à vous reprocher? N'avez-vous pas empiété, sciemment ou à votre insu, sur les droits attachés aux propriétés voisines?

Muller eut beau s'interroger, il ne put deviner de quelle faute il s'était rendu coupable.

— Puisqu'il faut, monsieur Muller, venir en aide à votre mémoire, écoutez bien toutes les questions que je vais vous poser, et répondez-moi de point en point.

Muller devint tout oreilles; maître Wolfgang poursuivit :

— Le lit de la rivière, dans la partie qui traverse le domaine d'Hildesheim, était inégal : n'avez-vous rien fait pour lui donner une profondeur uniforme?

— Je l'ai fait draguer, répondit Muller, et j'y ai trouvé un double avantage : j'ai mis dans les allées de mon parc le sable qu'on avait retiré du fond, et les tourbillons qui rendaient la rivière dangereuse ont maintenant disparu.

— A merveille! reprit maître Wolfgang; ce n'est pas tout. Dans la partie qui avoisine un bouquet de saules et de peupliers, n'avez-vous pas élargi le lit de la rivière?

— Sans doute, répondit Muller; j'ai fait creuser une anse pour amarrer le batelet qui sert aux promenades de ma femme et de mes enfants.

— Très-bien! de mieux en mieux! poursuivit maître Wolfgang. Ainsi, vous ne contestez aucun des faits qui vous sont imputés; vous admettez tous les griefs articulés contre vous. Les bruits répandus dans le pays ne sont donc pas calomnieux! Les accusations portées contre le maître actuel du domaine d'Hildesheim ne sont donc pas de pures fictions, filles de l'envie et de la méchanceté! C'est ici le cas de s'écrier avec le plus grand orateur de l'antiquité romaine : *Habemus reum confitentem!*

— Ah çà, monsieur, où diable voulez-vous en venir? demanda Muller qui ouvrait de grands yeux. De quels bruits parlez-vous? de quoi m'accuse-t-on? Qu'y a-t-il de commun entre l'envie, la calomnie et la rivière qui traverse mon domaine?

— Vous allez comprendre en deux mots, reprit maître Wolfgang, de quelle nature sont les accusations portées contre vous : on dit dans le pays que vous élevez le prix du pain.

— Voilà, je l'avoue, répondit Muller, une étrange

accusation, à laquelle j'étais loin de m'attendre. Ainsi on répand dans le pays le bruit que j'accapare le grain? Dites à ceux qui vous ont débité ces sornettes de venir visiter mes granges, mes greniers : ils jugeront par leurs yeux, ils verront ce qu'il y a de sottise et de malveillance au fond de ces calomnies.

— Mon Dieu! monsieur Muller, si vous aviez eu la patience de m'écouter jusqu'au bout, vous vous seriez épargné la peine de réfuter un argument qui jusqu'ici n'a pas été produit dans la cause. Il ne s'agit ni de vos granges ni de vos greniers. Le grain que vous avez chez vous vous appartient, et personne, que je sache, n'a le droit de venir le compter. Vous le vendez quand vous voulez, à qui vous voulez : c'est une affaire dont vos voisins n'ont pas à se mêler; mais votre rivière, c'est bien autre chose! car enfin cette rivière n'est pas à vous. Il est vrai qu'elle traverse le domaine d'Hildesheim, mais elle ne vous appartient pas. Vous ne pouvez en faire usage, soit pour la pêche, soit pour la promenade, que sous certaines conditions : c'est ce que nous autres gens de loi appelons servitudes réelles.

— Que parlez-vous de servitudes! dit Muller en l'interrompant; est-ce que par hasard je ne serais pas maître chez moi?

— Assurément, monsieur Muller, vous êtes maître chez vous; mais vos droits, comme tous les droits humains, sont renfermés dans de certaines limites, car, vous le savez, et c'est un grand docteur qui l'a dit, il n'y a pas de droit contre le droit. J'aime à croire que vous n'avez pas prévu les conséquences de votre conduite. S'il en était autrement, ce que vous avez fait serait absolument inexplicable.

— Maître Wolfgang, reprit Muller, avez-vous juré de me mettre hors de gonds? Depuis une demi-heure je vous prie, je vous supplie, je vous conjure de me dire le sujet de votre visite, et depuis une demi-heure je n'ai pas encore réussi à obtenir de vous une parole sensée! C'est une belle chose que la loi, une chose sainte qu'il faut respecter; mais si, d'aventure, sans le savoir, j'ai violé la loi, ayez, de grâce, la générosité de me dire en quoi et comment je l'ai violée.

— Nul n'est censé ignorer la loi, répondit gravement maître Wolfgang. C'est un des plus beaux, un des plus graves, un des plus anciens axiomes du droit romain. Or, vous le savez, le droit romain est, à proprement parler, le fondement de notre législation. Vainement quelques juristes ont prétendu opposer à l'autorité de Justinien je ne sais quel droit germanique dont les monuments sont insaisissables ; c'est une billevesée dont les praticiens ne doivent tenir aucun compte.

— Que diable ! monsieur, s'écria Muller, il ne s'agit ici ni de Justinien, ni du droit romain, ni du droit germanique. Revenons à ma rivière, et dites-moi comment j'ai pu élever le prix du pain.

— Rien n'est plus simple, monsieur Muller, et, si vous avez bien suivi jusqu'ici le fil de mon raisonnement, déjà vous êtes sur la voie, vous l'avez à moitié compris.

— Ne me flattez pas, maître Wolfgang. Jusqu'ici je n'ai absolument rien compris. Quant au fil de votre raisonnement, il m'eût été vraiment bien difficile de le suivre, car vous vous êtes égaré à plaisir dans une foule de digressions fort éloquentes, je veux le croire, mais qui, à mon avis, n'ont rien à démêler avec le cours de ma rivière et le prix du pain. Parlez donc, je vous écoute.

— L'usage des cours d'eau, monsieur Muller, est une des matières les plus difficiles de la jurisprudence. Ce sujet ardu a été traité dans un grand nombre de livres très-savants. Tous ces livres, je les ai réunis dans ma bibliothèque, je les ai lus, je les ai relus. Je les connais à fond, je sais sur le bout du doigt tout ce qu'ils contiennent, et je peux vous le redire. Il n'y a pas une difficulté concernant les cours d'eau dont je ne puisse vous donner la solution à l'instant même, en vous citant l'autorité des auteurs qui se sont prononcés dans tel ou tel sens. Grâce à Dieu, j'ai une mémoire excellente, et, si vous l'exigez, je puis vous donner un avant-goût des passages que j'ai l'intention de citer à l'audience.

— Comment, à l'audience! s'écria Muller. Il s'agit donc encore d'un procès?

— Sans doute, ne vous l'ai-je pas dit?

— Jusqu'ici, malheureux, vous m'avez tout dit, excepté ce qu'il fallait me dire. Je me tue à vous écouter, et vous prenez plaisir à épaissir les ténèbres autour de moi. Quand donc vous plaira-t-il de revenir à ma rivière?

— J'y suis, reprit maître Wolfgang. Je disais donc que les cours d'eau sont soumis à ce que nous appelons, nous autres gens de loi, servitudes réelles. Ici, monsieur Muller, j'ai besoin de toute votre attention. Nivelez, élargissez le lit d'une rivière, qu'arrive-t-il?

— C'est à vous de me le dire, maître Wolfgang, puisque vous avez étudié à fond toutes les questions qui se rattachent aux cours d'eau ; je ne suis pas ici pour vous répondre, mais pour vous écouter.

— Eh bien, monsieur Muller, puisque vous ne voulez pas prendre la peine de trouver par vous-même la solution du problème que je vous propose, je vais vous la donner. En nivelant, en élargissant le lit d'une rivière, en adoucissant la pente, vous ralentissez le courant. Suivez bien, de grâce, mon raisonnement, car ici tous les mots portent coup. Dans la propriété voisine se trouve un moulin; ce moulin, situé au-dessous d'Hildesheim, est mis en mouvement par la rivière qui traverse votre domaine. Or c'est à ce moulin que tous les paysans des environs portent leur grain. En ralentissant le courant de la rivière, vous diminuez la force du moulin, vous élevez le prix de la mouture, et par conséquent le prix du pain. Est-ce clair, monsieur Muller ?

— Enfin ! dit Muller poussant un profond soupir, je commence à comprendre de quoi il s'agit.

— Je me flatte, reprit maître Wolfgang avec un air de contentement et d'orgueil, qu'il n'y a pas dans toute l'Allemagne un juriste capable de vous expliquer plus nettement le sujet du nouveau procès qui vous est intenté, non-seulement au nom du propriétaire du moulin, mais encore au nom de la commune.

Le procès entamé en 1760 par le grand-père du comte Sigismond n'est assurément pas dépourvu d'intérêt ; mais ce n'est, à proprement parler, qu'une bagatelle à côté du procès nouveau qui s'ouvre pour vous. Discussion de droit, discussion de fait, jurisprudence des tribunaux, doctrine des auteurs, rien n'y manque, et à toutes les idées que suscite cette magnifique affaire, ajoutez l'intérêt dramatique, dont jusqu'ici j'ai négligé de vous parler, je veux dire une commune irritée, une commune qui, demain peut-être, se lèvera comme un seul homme et viendra, la torche à la main, menacer le château et le domaine d'Hildesheim.

— Parlez-vous sérieusement, maître Wolfgang ? dit Muller épouvanté. Une menace d'incendie, voilà ce que vous appelez l'intérêt dramatique de cette magnifique affaire !

— La moisson a été mauvaise, reprit maître Wolfgang. Lors même que la force du moulin n'eût pas été diminuée par votre étourderie, le prix du pain devait être plus élevé que l'année dernière. L'augmentation du prix de la mouture est ce que nous appelons, nous autres gens de loi, un supplément de calamité. La colère de la commune se comprend facilement et n'a pas besoin d'explication. Ainsi, monsieur Muller, si demain vous entendez l'émeute gronder sous vos fenêtres, n'en soyez point étonné, vous êtes averti.

Muller, de plus en plus épouvanté, contemplait d'un œil effaré maître Wolfgang ; il voyait en lui le spectre de la discorde, un messager d'enfer, un suppôt de Satan. Il voulait parler, et la parole s'arrêtait dans son gosier brûlant. Maître Wolfgang se leva, fier de la terreur qu'il venait d'éveiller dans l'âme de son client; Muller le laissa partir et demeura seul à mesurer la profondeur de l'abîme qui s'ouvrait sous ses pieds.

Toutefois il voulut savoir par lui-même à quoi s'en tenir sur la réalité des griefs articulés contre lui. A quelques jours de là, sans rien dire à Édith de l'entretien formidable qu'il avait eu avec maître Wolfgang, il se rendit chez le propriétaire du moulin, qui était précisément un de ses deux adversaires dans le grand et beau procès qui remontait à 1760. Malgré toutes les objections produites par son avoué, Muller n'hésita pas à tenter toutes les voies de conciliation. Il offrit généreusement d'anéantir tous les travaux faits dans le bras de la rivière qui traversait le domaine d'Hildesheim, de remettre les choses dans leur état primitif, et de réparer les dommages sur estimation d'experts ; son adversaire l'accueillit avec cette haute politesse qui est la plus cruelle des injures.

— Monsieur, lui dit-il après l'avoir écouté à demi pendant quelques instants, je me mêle rarement de ces sortes d'affaires. Le dommage est constant ; toutes les pièces sont maintenant entre les mains de mon avoué : c'est à lui désormais que vous devez vous adresser.

— Cependant, monsieur...

— Désolé, monsieur, reprit le hobereau en tirant sa montre, je suis attendu ; une autre fois je serai plus heureux.

Muller se retira le cœur plein de honte et de rage. En outre, il comprenait que tout espoir de conciliation était perdu, que l'avoué de son adversaire, se piquant d'émulation, voudrait lutter d'arguties avec maître Sturm, et qu'une nouvelle guerre d'exploits et d'assignations devenait inévitable.

Comme il revenait chez lui, triste, découragé, il rencontra sur la route des paysans dont le regard irrité lui rappela les sinistres prophéties de Wolfgang. Deux d'entre eux, plus hardis ou plus mécontents que les autres, arrêtèrent Muller pour lui adresser des reproches.

— C'est donc, vous, monsieur, dit le premier d'un air menaçant, qui élevez le prix du pain ? Comme si l'année n'était pas déjà assez mauvaise, vous diminuez le travail du moulin où nous portons notre blé. Ce n'est pas bien, monsieur ; ce n'est pas le comte Sigismond qui eût ainsi affamé les pauvres gens de la commune.

— C'est donc vous, monsieur, dit le second en retenant par la bride le cheval de Muller, c'est donc vous qui tourmentez les bonnes demoiselles et le bon major ? Voilà donc comment vous reconnaissez les bontés de feu monsieur le comte ? Après avoir dépouillé la famille, vous la persécutez ! Ça n'est pas bien, monsieur, ça vous portera malheur.

Muller eut un instant la fantaisie de leur cingler sa cravache au travers du visage. Il haussa les épaules, enfonça l'éperon dans les flancs de son cheval et poursuivit sa route. La nature morne et désolée, le ciel gris et froid de novembre, les coteaux submergés par la brume, assombrissaient encore le deuil de ses pensées. Il rentra chez lui, agité par de lugubres pressentiments.

Comme il traversait le parc, il aperçut les trois jardiniers qu'il avait chassés quelques jours auparavant. Les trois rustauds, profitant d'un rayon de soleil qui venait de percer la nue, devisaient entre eux, assis sur un banc, comme de paisibles rentiers. En attendant l'issue de la lutte qu'ils avaient engagée, ils demeuraient au château, dormaient bien, se nourrissaient grassement, et, quand ils avaient fait dans les champs une promenade salutaire, quand ils avaient gagné de l'appétit, ils se reposaient et commentaient à loisir le testament du comte Sigismond. Ils inventaient pour établir, pour interpréter, pour défendre leurs droits, des arguments qui n'eussent pas été désavoués par le procureur le plus madré, par l'avocat le plus retors. Ils s'applaudissaient en riant du succès de leur insolence, et trouvaient dans la colère du maître qui les avait chassés un bénéfice tout net : tant qu'ils ne seraient pas rappelés officiellement et réintégrés dans leurs fonctions, ils étaient bien résolus à se croiser les bras depuis le matin jusqu'au soir. Ils allaient même jusqu'à se demander s'ils devaient reprendre leurs travaux avant d'avoir reçu des excuses en bonne forme. Quand Muller passa devant eux, ils se crurent dispensés de le saluer et demeurèrent cloués à leur place, comme s'ils l'eussent vu pour la première fois.

XV

SPIEGEL A FRANZ MULLER

« Tes lettres deviennent de plus en plus rares, mon cher ami. Depuis près de deux mois, tu ne m'as pas donné signe de vie. Pour savoir comment se passent les journées au château d'Hildesheim, j'en suis réduit aux conjectures. Comment faut-il expliquer ton silence? Tu me parlais dans tes dernières lettres de la paix profonde dont tu jouissais, des loisirs que te procurait la richesse, et que tu comptais bien employer au profit de ta renommée. Est-ce que l'étude absorbe à cette heure tous tes instants? S'il en est ainsi, ne crains pas mes reproches. J'ai trop souvent appelé de mes vœux le moment où tu pourrais exprimer enfin en toute liberté ce que tu as dans la tête et dans le cœur, pour songer à me plaindre et t'accuser d'ingratitude. Travaille, mon cher Franz; tu as raison de ne pas t'endormir sur l'oreiller moelleux que t'a laissé le comte Sigismond. Que de belles choses tu dois composer là-bas! Que de motifs charmants! que d'inspirations enchantées! Au fond des bois, dans le creux des vallées, sur le flanc des coteaux, tu allais, pendant les beaux jours, mêlant les chants de ton génie aux harmonies de la nature; maintenant, assis au clavecin, tandis que l'âtre flambe et pétille, tu fixes sur le papier les mélodies que tu jetais au vent. Bénie soit l'opulence qui t'aura conduit à la gloire!

» Tu m'as dit que le château et le domaine d'Hildesheim exigeaient des réparations, des améliorations de toute sorte. Es-tu devenu agronome et architecte, comme la plupart des seigneurs châtelains de notre belle Allemagne? As-tu étudié le système de la grande et petite culture? As-tu respecté fidèlement, dans la restauration de ton château, le style à la fois sévère et orné du xiv° siècle? Tu dois être heureux, je ne dirai pas comme un roi, mais comme un artiste, comme un poëte qui peut embrasser tous ses rêves, réaliser toutes ses fantaisies. Je m'endors chaque soir dans la pensée de ton bonheur, et la nuit je fais de doux songes. Tu ne m'entretiens plus des demoiselles de Stolzenfels ni du ménage Bildmann ; j'aime à croire que vous vivez tous en famille. Ta première lettre m'a conquis au major ; à mon prochain voyage à Hildesheim, je demanderai à faire son portrait. Édith m'a parlé d'un nouvel hôte accueilli chez vous, d'un jeune homme charmant qu'Hermann et Marguerite chérissent à l'envi, plein de grâce, d'entrain, de gaieté, chasseur intrépide, habile écuyer, chanteur de romances, descendant tout à la fois de Nemrod, de Chiron et d'Orphée. Dis-moi bien vite, dis-moi sans plus tarder s'il mérite tous les éloges dont notre Édith se plaît à le combler. A ne te rien cacher, je crains fort que M. Frédéric ne fasse tort au pauvre Spiegel dans l'esprit de ta femme et de tes enfants.

» Quant à toi, mon cher Muller, je ne suis pas inquiet de ton cœur ; comment pourrais-tu songer à remplacer une amitié aussi vieille, aussi solide, aussi souvent éprouvée que la nôtre ?

» J'allais oublier de te rappeler que tu as négligé de m'envoyer le prix de ton loyer. Il y a maintenant deux termes échus. Je me serais trouvé dans un grand embarras si le hasard, un hasard providentiel, ne fût venu à mon secours. Chose inouïe, chose inespérée! j'ai vendu quelques-uns de mes tableaux, qui, depuis trop longtemps, décoraient mon atelier.

Je les ai vendus à des conditions si avantageuses, que j'ai pu réparer ta négligence. Pour nous dispenser à l'avenir de payer ton loyer et le mien, j'ai acheté la petite maison que nous avons partagée pendant tant d'années. Ainsi, au printemps prochain, quand tu viendras à Munich, c'est chez moi que tu descendras. Spiegel propriétaire! voilà, je l'espère, une nouvelle à laquelle tu étais loin de t'attendre : c'est le pendant de Muller châtelain. Embrasse pour moi tes enfants, et prie notre chère Édith de ne pas trop m'oublier dans la compagnie de M. Frédéric.

» SPIEGEL. »

XVI

Un instant, Muller se crut persiflé. Chacune des questions que lui adressait Spiegel contrastait si douloureusement avec la réalité, chaque phrase ressemblait si bien à un reproche indirect ou à une raillerie, que Franz, en achevant la lecture de cette lettre, ne put se défendre d'un mouvement d'humeur et presque de colère. Tout dans cette lettre l'humiliait, l'offensait; pas un mot qui ne fût un coup de poignard.

A son insu, sans s'expliquer pourquoi, il souffrait de l'éloge qu'Édith avait fait de Frédéric : le germe d'un mal qu'il n'avait jamais ressenti venait de se glisser dans son cœur. En songeant que Spiegel avait vendu ses tableaux, et que ce n'était pas lui, Muller lui, son frère, qui les avait achetés; en se disant que

Spiegel avait acquis du prix de son talent la maison qu'il s'était promis de lui offrir et dont il n'avait pas même acquitté le loyer, Franz se sentait mourir de honte. Et comme au fond des amitiés les plus pures l'égoïsme et l'amour-propre trouvent toujours un coin où se cacher, Muller, en apprenant l'aisance et le succès échus à son ami, éprouvait autre chose que de l'étonnement et de la joie : il faisait un retour sur lui-même, et, comparant le château d'Hildesheim, qu'il devait au hasard, à la petite maison de Munich, que le travail et une renommée naissante venaient de donner à Spiegel, il reconnaissait que Spiegel était vraiment plus riche et plus heureux que lui. L'amour de la gloire, qu'il avait si longtemps nourri comme un feu sacré, et qui, au milieu des tracas sans nombre qui assaillaient sa vie, semblait éteint sans retour, se réveillait tout à coup, non comme une ambition noble et généreuse, mais comme un tourment de plus. Cependant si Muller, en pensant à Spiegel, éprouva un instant quelque chose de pareil à l'envie, ce mauvais sentiment fut bientôt comprimé et ne laissa pas de trace dans l'âme qu'il avait traversée.

Muller était réservé à d'autres épreuves. Le germe funeste que la lettre de Spiegel avait déposé dans son cœur devait en peu de temps s'y développer, grandir et pousser de profondes racines.

Jusque-là Franz avait toujours caché à sa femme, avec un soin assidu, tous les ennuis, tous les tracas qui l'assiégeaient. Il ne lui avait parlé ni du procès qui n'avait pu lasser la patience de trois générations, ni de l'affaire du moulin, ni de l'émeute qui, d'un jour à l'autre, pouvait venir gronder à sa porte; mais, assez généreux pour craindre d'affliger la femme qu'il aimait, il était trop faible pour dissimuler sa tristesse. Il taisait les faits, mais il laissait voir les impressions qu'il en recevait. En ménage, c'est le pire des systèmes : il faut avoir le courage de tout cacher ou de tout dire. Le caractère de Franz était devenu inégal, fantasque : il répondait à peine aux questions d'Édith ; quand il avait embrassé ses enfants, il s'enfermait dans sa chambre pour vérifier les comptes de son intendant, de ses fermiers, ou lire les assignations qui formaient depuis quelques mois le sujet habituel de ses études. De tout ce drame Édith ne connaissait que la partie bouffonne : la querelle des enfants et le congé signifié aux jardiniers. Les prétentions des demoiselles de Stolzenfels et du major n'étaient pour elle qu'un incident ridicule qui l'avait égayée, et n'expliquaient pas les fréquentes absences de Franz, son attitude morne, son humeur taciturne. Jeune, belle, habituée à se voir entourée de soins, de prévenances, parfois elle se plaignait d'être négligée, et Muller, accusé injustement, se défendait avec aigreur. Il n'y avait guère de journée qui ne fût troublée par un échange de récriminations ; ces querelles sans gravité, toujours suivies d'une prompte réconciliation, avaient cependant fini par attrister une intimité si longtemps sereine.

Franz, comme tous les hommes chez qui l'étude et le culte de l'art ont surexcité l'imagination, ne savait pas dominer son émotion et n'était jamais ému à demi. Il s'exagérait en toute occasion le bon et le mauvais côté de toute chose ; ce qui n'eût été pour une nature ordinaire qu'une contrariété passagère et sans importance, prenait à ses yeux des proportions formidables ; l'obstacle dont un esprit calme eût triomphé sans peine après une lutte de quelques heures ou de quelques jours, était pour Franz épouvanté une muraille de cent coudées. On ne s'étonnera donc pas si les deux beaux procès qui excitaient chez maître Wolfgang un si vif enthousiasme troublaient le sommeil de notre châtelain et peuplaient ses rêves de fantômes hideux, de spectres menaçants. Ses nuits étaient mauvaises, ses jours ne valaient guère mieux. Il se sentait harcelé, traqué de toutes parts. Cette préoccupation constante, qui absorbait toutes ses facultés, donnait à son regard quelque chose d'étrange et d'inquiet, à sa parole une sécheresse et une dureté qui étaient bien loin de son cœur. Sa tendresse pour Édith ne s'était pas attiédie; mais il avait toujours près d'elle un air sombre et distrait qu'Édith interprétait cruellement. Elle s'offensait de son silence, qu'elle prenait pour de la froideur, et s'irritait de sa tristesse, qu'elle prenait pour de l'ennui. Ne pouvant deviner ce qui se passait autour d'elle, elle s'attaquait à tout, excepté à la réalité.

La chicane n'était pas l'unique souci de Muller; l'orgueil avait revêtu, dans son âme, une forme nouvelle, imprévue. Tant que sa vie avait été consacrée tout entière à l'étude, à la fantaisie, aux rêves de gloire et de renommée, Muller ne concevait pas d'autre joie que de produire de grandes œuvres et de conquérir les applaudissements par les efforts du génie; depuis son arrivée au château, il souffrait, il rougissait de l'obscurité de sa naissance. Lui qui naguère accueillait par un sourire de pitié les prétentions de la noblesse, lui qui n'admettait, ne reconnaissait que l'aristocratie du talent, il regrettait amèrement de n'avoir pas une illustre origine. Pendant les premières semaines de son séjour à Hildesheim, il avait tenu tête assez gaiement à la morgue des gentillâtres du voisinage ; peu à peu il s'était senti blessé de leur dédain, et comme sa raison se révoltait contre cette souffrance indigne d'un homme vraiment intelligent, il envenimait sa plaie en la cachant. Comment Édith eût-elle pu deviner les tourments qui dévoraient Muller ? N'ayant jamais eu d'autre ambition que le bonheur de son mari, comment eût-elle compris l'étrange regret qui le consumait ?

Témoin assidu de cette lutte silencieuse, Frédéric gagnait chaque jour du terrain.

Ainsi qu'il arrive souvent aux plus fins et aux plus habiles, Frédéric était tombé dans le piége qu'il avait tendu. A force de voir Édith et de l'entendre, ce jeune homme, qui jusque-là n'avait eu affaire qu'à des femmes de principes au moins très-équivoques, pour ne rien dire de plus, s'était laissé prendre à cette beauté modeste, à cette grâce décente, à ce charme pur et honnête qui lui offraient tout le piquant de l'inconnu. Il avait débuté par ce qu'il appelait l'habileté, et l'habileté avait échoué ; sérieusement épris, il trouva dans la sincérité de sa passion toutes les ressources qu'il avait cherchées vainement dans l'adresse et la ruse. Il était devenu vraiment dangereux depuis qu'il ne songeait plus à l'être. Pour réussir à se faire aimer, aimer est encore ce qu'il y a de plus adroit, de plus ingénieux, de mieux imaginé. Édith ne se doutait de rien et son ignorance agrandissait le péril. Naïve, sans défiance, elle ne voyait dans l'amour de Frédéric qu'une amitié plus expansive et plus tendre que les amitiés ordinaires, et ne devinait pas le désir dans un serrement de main. Spiegel l'avait habituée à ces tendresses désintéressées qui existent rarement entre une femme jeune et un homme jeune, mais qui, pourtant, ne sont pas impossibles. Sans se demander, sans s'inquiéter de savoir quelle place Frédéric occupait dans son cœur, elle le mettait de moitié dans toutes ses pensées. Elle ne l'aimait pas dans le sens passionné du mot; mais l'affection qu'elle sentait pour lui, loin d'exclure l'amour, l'appelait.

Muller, qui d'abord s'était réjoui de l'arrivée de Frédéric, et ne voyait en lui qu'un joyeux compagnon capable de distraire sa femme et d'amuser ses enfants, avait fini par s'alarmer de ses visites fréquentes et prolongées. A toutes les tortures qu'il endurait était venu s'ajouter le supplice de la jalousie. Étonné, honteux des sourdes inquiétudes qui l'agitaient, n'osant s'avouer à lui-même la nature de ses souffrances, n'osant donner un nom au trouble de son cœur, sa douleur était d'autant plus vive, d'autant plus cuisante qu'il la contenait, qu'il la cachait avec plus d'obstination. Pouvait-il, sans folie, la laisser éclater? Quel reproche adresser à Édith, dont la sérénité défiait tous les soupçons; à Frédéric, dont l'attitude était tout simplement affectueuse? La jalousie ne savait où se prendre, et pourtant Muller était jaloux. Son humeur s'aigrissait de plus en plus. A l'heure même où, pour conjurer le danger, il aurait dû redoubler de prévenance, d'affabilité, de tendresse, il se montrait sombre, parfois même bourru. Aveuglé par l'inquiétude que la raison condamnait, à laquelle son faible cœur obéissait en esclave, il faisait de sa conduite un perpétuel contre-sens. Plus d'une fois il s'était décidé à éconduire Frédéric, à le congédier, à lui fermer sa porte; mais de quel prétexte s'autoriser pour se porter à cette extrémité? N'était-ce pas outrager Édith? Mieux valait cent fois souffrir en silence. D'ailleurs, Frédéric une fois congédié, Muller eût-il retrouvé le repos? Cet hôte funeste n'était-il pas établi au château, chez ses tantes? Ne tenait-il pas de la volonté du comte Sigismond le droit de traverser, selon sa fantaisie, le parc et le domaine d'Hildesheim? Ne pouvait-il pas, elle et lui, se rencontrer tous les jours, à toute heure? se rencontrer dans la campagne, à l'ombre des forêts? Pour imposer silence au démon de la jalousie, ne faudrait-il pas bientôt défendre à Édith de franchir le seuil de sa porte? A la seule pensée d'une telle défense, le cœur de l'infortuné se soulevait et retombait dans toutes ses perplexités.

Ainsi tout s'assombrissait autour de Franz, tout semblait conspirer autour de lui. Les Bildmann et les Stolzenfels se montraient plus impertinents que jamais. En abattant la haie des deux enclos, Muller n'avait rien gagné. Chaque fois qu'un rayon de soleil venait égayer l'horizon, s'il lui prenait fantaisie de descendre au parc, il était sûr de rencontrer le major, Dorothée, Isaac ou les vieilles filles. Il en était à regretter les deux enclos qu'il avait détruits et qui du moins dérobaient à sa vue ces hôtes importuns. Frédéric, toujours assidu, passait près d'Édith la meilleure partie de son temps. Ulrique et Hedwig, loin de se sentir blessées dans leur orgueil en voyant leur neveu hanter ces petites gens, éclairées par la réflexion ou plutôt par l'instinct de la méchanceté, sans lui demander ses projets, l'encourageaient dans son entreprise. Ne pouvant supposer qu'il fût sérieusement épris, elles s'efforçaient d'irriter sa vanité; elles lui représentaient combien il serait humiliant pour un officier de si bonne mine de ne pas triompher d'une petite bourgeoise dont la vertu ne s'était pas toujours montrée si farouche. Enfin, pour justifier les soupçons injurieux qu'elles avaient accrédités dans le pays, elles auraient vu avec joie Frédéric réussir auprès d'Édith : la perdre dans l'opinion, la perdre sans retour, la perdre sans espoir de réhabilitation était leur vœu le plus cher, le rêve de toutes leurs journées, le sujet de tous leurs entretiens.

Pourtant, dans les moments que j'appellerai lucides, Muller reprenait courage et se disait que ses inquiétudes n'auraient qu'un temps et sans doute touchaient à leur terme. Frédéric ne resterait pas toujours au château, son régiment s'éloignerait; le printemps venu, Édith quitterait Hildesheim et retournerait à Munich. Là, pendant les trois mois qu'ils passeraient près de Spiegel, ils retrouveraient leur sérénité. Tous ces procès maudits qui se multipliaient, qui s'enchevêtraient l'un dans l'autre, devaient s'évanouir devant une volonté énergique. Et puis, les Stolzenfels et les Bildmann n'étaient pas éternels; le château, une fois délivré de ses hôtes tracassiers, serait pour Hermann et Marguerite un magnifique héritage. Alors se réveillaient dans l'âme de Muller toutes les espérances, tous les rêves qu'il avait caressés pendant si longtemps. Il se voyait libre et paisible, entouré de sa femme et de ses enfants, partageant ses journées entre l'étude et les affections de famille. La gloire lui souriait et lui tendait les bras; ses œuvres lui tenaient lieu d'aïeux; il sollicitait, il obtenait l'autorisation d'ajouter à son nom, devenu célèbre, le nom désormais éteint d'Hildesheim. L'aristocratie lui ouvrait ses rangs; Marguerite grandissait et entrait dans une des premières maisons du pays; Hermann devenait feld-maréchal. Tout allait à souhait. Quand ces jours enchantés étaient si près de lui, fallait-il perdre patience? Cette première année était une rude épreuve; l'année suivante serait plus calme et plus facile à traverser.

Après ces entretiens silencieux avec lui-même, Muller reprenait courageusement la lecture de ses comptes et de ses dossiers.

XVII

L'hiver s'était achevé au milieu de ces tristes préoccupations. Plus d'une fois, dans les rares loisirs qu'il dérobait à la jalousie, aux procès, à l'administration de ses biens, Muller avait essayé de reprendre ses études; mais l'inspiration lui avait toujours fait défaut, et son œuvre en était encore au point où nous l'avons laissée le jour où l'abominable Wolfgang était venu pour la première fois s'entretenir avec le nouveau châtelain d'Hildesheim. Non-seulement l'inspiration demeurait sourde à toutes les prières de Franz, mais Franz en était venu à ne plus l'invoquer que rarement et avec un découragement profond. L'amour de la gloire, la passion de l'art, qu'il avait autrefois nourris avec tant de ferveur et de zèle, n'occupaient plus maintenant ses pensées que de loin en loin. Muller sentait avec épouvante son génie s'affaisser sous le poids des ennuis qui l'écrasaient.

Un matin, cependant, notre ami s'était levé dans une disposition d'esprit qu'il n'avait pas connue depuis bien longtemps, et qu'il n'espérait plus retrouver. Son sommeil avait été paisible; la vue d'Édith, endormie et souriante, avait égayé son réveil et calmé les agitations de son cœur. Le printemps commençait; les arbres se paraient de leurs premiers bourgeons. Debout à sa fenêtre ouverte, en présence de cette résurrection générale de la nature, Muller avait senti sa fantaisie tressaillir et s'échauffer. Les oiseaux gazouillaient sous la feuillée naissante, et, au bruit de ces chants, tout un essaim de fraîches mélodies s'agitait joyeusement dans le sein de Muller. Il allait se mettre au clavecin, quand Wurm entr'ouvrit la porte, et montra son profil de gnome.

— Au nom du ciel, que me voulez-vous? s'écria Franz. Le soleil se lève à peine, et déjà vous venez m'importuner! Ne puis-je être seul un instant?

Wurm tira de sa poche un pli cacheté, le remit en silence à son maître, et se retira en se frottant les mains.

Muller pâlit et frissonna, car il avait remarqué que

son intendant ne se frottait les mains que lorsqu'il apportait quelque nouvelle désastreuse.

Il brisa le cachet et lut :

« Monsieur,

» Quoique nous soyons voisins, je n'ai jamais eu l'avantage de vous rencontrer; mais votre équité, votre impartialité me sont connues, et je m'adresse à vous en toute confiance, sûr que vous aimerez mieux vous entendre avec moi à l'amiable et compenser le dommage dont j'ai à me plaindre, que de vous exposer aux conséquences toujours fâcheuses d'une action judiciaire. Voici, en deux mots, de quoi il s'agit : M. Frédéric de Stolzenfels est depuis quelques mois établi dans votre château; le comte Sigismond d'Hildesheim lui a, dit-on, attribué, par une clause expresse de son testament, le libre usage de ses chevaux et de sa meute, en y joignant le droit de chasse dans tous ses domaines. Jusqu'à présent, M. Frédéric avait usé avec discrétion du privilége que lui confère le testament du comte Sigismond. Hier, emporté sans doute par l'ardeur de la chasse, il a franchi, escorté de ses piqueurs, les limites du domaine d'Hildesheim. Six propriétaires, dont je joins ici les noms, et dont je représente les intérêts en même temps que les miens, ont vu leurs champs saccagés par M. Frédéric de Stolzenfels. Ces dégâts, qui compromettent gravement la moisson, ont été estimés par des experts dont l'avis mérite pleine confiance, et que vous pourrez d'ailleurs faire contrôler. J'espère, monsieur, que vous voudrez bien, dans le plus bref délai, faire droit à ma requête.

» Agréez, monsieur, l'assurance de ma haute considération.

» Baron DE FROHSDORF. »

A cette lettre étaient joints les noms des six propriétaires dont le baron de Frohsdorf avait pris en main les intérêts, et l'estimation des dégâts, qui montait à 4,000 florins.

— Ce baron de Frohsdorf est un plaisant drôle! s'écria Muller en achevant la lecture de cette lettre. S'imaginer que je vais payer les équipées de cet étourdi! Que Frédéric s'arrange avec le baron de Frohsdorf, je n'ai pas à m'occuper de ses fredaines. Qu'il chasse tout à son aise, qu'il saccage vignes et blés, qu'il use et abuse des chevaux et des meutes du comte Sigismond, je n'ai rien à voir dans toutes ses folies.

Au milieu de cet éloquent monologue, maître Wolfgang entra d'un pas majestueux. La joie rayonnait sur son front et petillait dans ses petits yeux gris. Muller pâlit et frissonna de nouveau.

— Nos affaires sont en bon train, monsieur Muller, dit maître Wolfgang en s'asseyant; tout marche, tout va bien. Grâce à l'habileté avec laquelle j'ai engagé toutes les questions, le procès Bildmann et le procès Stolzenfels, qui n'offraient d'abord qu'un médiocre intérêt, prennent de jour en jour des proportions plus imposantes. Le procès, entamé par le grand-père du comte Sigismond, poursuit paisiblement son cours. La contestation que vous soutenez par respect pour la mémoire de trois générations que vous représentez vous fait le plus grand honneur dans le pays, mon cher monsieur Muller.

— J'en suis bien aise, répliqua Franz.

— Le procès du moulin va s'ouvrir. C'est ici, mon cher monsieur Muller, que j'ai dû déployer toutes les ressources de ma longue expérience pour annuler les effets de votre étourderie.

— De quelle étourderie voulez-vous parler, maître Wolfgang?

— Je veux parler, mon cher monsieur Muller, de l'offre que vous avez faite à votre adversaire de réparer les dommages dont il se plaignait. J'avais bien prévu que votre adversaire tirerait bon parti de votre démarche, et que, vous voyant disposé à céder, il élèverait ses prétentions et serait sans pitié. J'ai longtemps cherché par quel moyen je pourrais anéantir les conséquences de votre faiblesse. Ce moyen, je l'ai enfin trouvé, et, sans vous consulter, je l'ai sur-le-champ mis en usage.

— Qu'avez-vous fait? demanda Muller, qui s'attendait à recevoir une pierre énorme sur la tête.

— J'ai formé, reprit maître Wolfgang, ce que nous appelons, nous autres gens de loi, une demande reconventionnelle. Votre adversaire vous demande trois mille florins pour le dommage que vous lui avez causé en élargissant le lit de la rivière : eh bien! à sa demande nous opposons une demande fondée sur le dommage qu'il nous a causé en pêchant dans les eaux qui nous appartiennent.

— Que voulez-vous dire? s'écria Muller.

— Je veux dire, répliqua maître Wolfgang d'un ton d'autorité, que nous réclamons de notre adversaire une indemnité de quatre mille florins pour le dégât commis dans les eaux qui nous appartiennent.

— Mais de quel dégât voulez-vous parler? dit Muller en l'interrompant.

— Le délit est flagrant, reprit maître Wolfgang, et constaté par trois procès-verbaux en bonne forme, que j'ai apportés avec moi et que je dois produire à l'audience. Oui, mon cher monsieur Muller, votre adversaire, au moment même où il vous intentait un procès, n'a pas craint de violer votre propriété. Les plus beaux poissons de votre rivière ont été servis sur sa table. Il ne peut nier le fait, car j'ai là, je tiens dans mes mains trois procès-verbaux revêtus d'une signature authentique, de la signature du garde-pêche, légalisée par le bourgmestre.

Muller croyait rêver. Il tenait sa tête entre ses mains, et ne trouvait pas une parole; enfin sa colère éclata.

— Maître Wolfgang, s'écria-t-il en se levant, avez-vous juré de me rendre fou? Comment! j'avais déjà cinq procès sur les bras; sans doute, avec un pareil lot, vous n'avez pas jugé mon bonheur complet, et vous prenez plaisir à me susciter des querelles auxquelles je n'aurais jamais songé! Comment! pour quelques misérables barbillons, pour une douzaine de carpes ou de brochets, vous ne craignez pas de demander en mon nom une indemnité de quatre mille florins!

— Notre demande est modeste, mon cher monsieur

Muller, reprit maître Wolfgang sans s'émouvoir. A la vérité, nous n'avons entre les mains que trois procès-verbaux; mais qui sait, qui peut savoir combien de fois le délit s'est renouvelé avant d'être constaté? Notre demande est modeste, et je suis sûr que le tribunal s'empressera de l'accueillir.

— Qu'il l'accueille ou la repousse, interrompit Muller, je ne m'en inquiète guère. Je n'entends pas qu'on élève en mon nom cette prétention insensée. J'ai offert de réparer le dommage causé par ma faute; cette offre, je prétends la renouveler à l'audience et terminer ainsi un différend fâcheux. Je désire, je veux que vous retiriez dès demain la demande formée en mon nom, et que vous avez baptisée de je ne sais quel nom barbare.

— Je l'ai appelée, monsieur Muller, répondit gravement maître Wolfgang, du nom que la loi lui donne: j'avais formé contre votre adversaire une demande reconventionnelle; puisque vous ne l'approuvez pas, je la supprimerai. Un jour, bientôt peut-être, vous reconnaîtrez que j'avais adopté la marche la plus sage.

En achevant ces mots, maître Wolfgang se disposait à partir. Muller le retint et lui tendit la lettre du baron de Frohsdorf.

— Dites-moi, je vous prie, ce que vous pensez de cette étrange réclamation?

— C'est grave, répondit maître Wolfgang, après l'avoir parcourue d'un œil rapide. C'est très-grave, monsieur Muller. Il est vrai que vous n'avez pas commis personnellement et par vous-même le dégât dont on demande la réparation ; mais le baron de Frohsdorf agit en homme qui connaît la loi. Les piqueurs qui accompagnaient M. Frédéric de Stolzenfels sont vos piqueurs ; les chevaux et les meutes qui ont saccagé les domaines voisins sortent de vos écuries, de vos chenils : le baron de Frohsdorf a donc raison de s'adresser à vous. C'est à vous de réparer, de payer le dommage, sauf, bien entendu, votre recours contre M. Frédéric de Stolzenfels; mais, entre nous, je crois que ce recours est à peu près illusoire.

— Allons, dit Franz avec un geste de résignation, si je dois payer, je payerai.

— Comment! monsieur Muller, s'écria Wolfgang frappé de stupeur, vous allez compter quatre mille florins au baron de Frohsdorf?

— Sans doute : ne venez-vous pas de me dire que sa réclamation est légitime?

— Je l'ai dit et je le répète.

— Eh bien? demanda Franz.

—Eh bien ! monsieur Muller, depuis quand rend-on les armes à la première sommation ? A quoi sert la justice ? Pourquoi sont institués les tribunaux ? Mais, mon cher monsieur, vous n'y songez pas ! Si vous êtes si prompt à céder, on va courir sur vous de tous les points de l'horizon : vous serez tondu comme un mouton, plumé comme une colombe. Monsieur Muller, la vie est une lutte ; quiconque ne sait pas montrer qu'il a bec et ongles est perdu.

Et, sans attendre la réponse, maître Wolfgang se retira.

XVIII

Bouleversé par ce diabolique entretien, Muller se mit à la fenêtre et se prit à contempler, d'un regard distrait, les pousses nouvelles de ses lilas et de ses marronniers. Peu à peu son regard s'anima, son front s'éclaircit, son visage se rasséréna. Il voyait autour de lui verdoyer les champs et les prés, et, respirant à pleins poumons la brise toute chargée de la senteur des bois, il se disait avec orgueil que tout cela était à lui, ces champs, ces prés, ces bois, ce parc et ce château, quand tout à coup son front se couvrit d'une pâleur mortelle, et il porta la main à son cœur, comme s'il eût senti la morsure d'un aspic. En ce moment, Frédéric se promenait dans une avenue du parc; Édith s'appuyait sur son bras et levait la tête comme pour mieux écouter ce qu'il disait. Tous deux allaient à pas lents, et Muller, debout, immobile, les suivait d'un œil effaré. Au bout de quelques instants, il les perdit de vue, puis il les vit reparaître et s'éloigner de nouveau. Tout en marchant, Frédéric cueillait çà et là des grappes de lilas en fleur et les donnait à Édith, qui en respirait le parfum.

Muller marchait à grands pas dans le salon, quand sa femme rentra, légère et souriante, tenant à la main les fleurs que Frédéric avait cueillies pour elle.

— Qu'as-tu, mon ami? dit-elle à Franz; qu'est-il survenu? quelque nouveau démêlé avec les demoiselles de Stolzenfels ou le major Bildmann? Si ce n'est que cela, tu as bien tort de prendre au sérieux d'aussi futiles contrariétés.

Franz eût rougi de montrer sa jalousie; mais il saisit avec empressement le prétexte qui s'offrait à lui pour laisser éclater les sentiments qui l'oppressaient.

— Tiens, dit-il brusquement à Édith en lui tendant la lettre du baron de Frohsdorf, décide par toi-même si j'ai lieu d'être satisfait.

— Eh bien, demanda Édith, après avoir lu, y a-t-il là de quoi te fâcher? Envoie à ce baron les quatre mille florins qu'il réclame, et qu'il n'en soit plus question.

— Ainsi, répliqua Muller avec aigreur, donner

quatre mille florins à ce baron, que Dieu confonde, est pour toi la chose la plus naturelle qui se puisse imaginer! Ainsi, poursuivit-il avec une colère contenue, c'est à moi de payer les fredaines de M. Frédéric; parce qu'il lui plaît de courir les champs, il faut que je vide ma bourse, et cela te paraît tout simple!

— Tu oublies, mon ami, reprit Édith avec douceur, que nous possédons aujourd'hui un riche domaine dont une large part devait appartenir à ce jeune homme. M. Frédéric pourrait user de ses droits avec plus de discrétion, je le veux bien; mais à son âge l'étourderie n'est-elle pas excusable? Faut-il le condamner pour une faute involontaire? Il est si bon pour nos enfants! Dans toutes nos contestations avec ses tantes, avec le major, n'a-t-il pas toujours pris parti pour nous? N'est-ce pas ici le seul cœur qui nous aime, qui nous soit dévoué?

— Belle trouvaille, ma foi, que son amitié! riche aubaine que son dévouement! s'écria Franz ne se contenant plus; cette amitié me coûte cher, et je m'en passerais volontiers.

— Mon ami, peux-tu parler ainsi? toi, si bon, si juste, peux-tu te montrer ingrat?

— Ne vas-tu pas, répondit Franz en frappant du pied le parquet, me conseiller d'aller le remercier de l'honneur qu'il veut bien me faire en m'obligeant à payer ses plaisirs? Eh bien! je ne les payerai pas; qu'il s'arrange avec le baron, je ne donnerai pas un kreutzer!

Et le malheureux Franz, honteux de lui-même, rougissant de son emportement, craignant de laisser voir la plaie de son cœur, qu'Édith venait encore d'envenimer par son insistance à défendre Frédéric, quitta la place et se retira dans sa chambre. Demeurée seule, Édith repassa dans sa mémoire toutes les paroles qu'elle venait d'entendre, et ne put s'empêcher de trouver l'humeur de son mari quelque peu ridicule. Tant de bruit pour quelques milliers de florins! Muller serait-il devenu avare? Elle ne devinait pas de quels sentiments Franz était agité, elle n'apercevait pas la jalousie cachée sous la colère. Comme elle était sans reproche, elle ne pouvait supposer dans l'âme de son mari une inquiétude que rien ne justifiait. Tandis qu'Édith l'accusait d'avarice, Muller, enfermé dans sa chambre, donnait un libre cours aux passions tumultueuses qui grondaient dans son sein.

— Ils ne se verront plus! disait-il en se promenant comme un lion dans sa cage. Lui, je le chasserai de chez moi; elle, je l'empêcherai de franchir le seuil de sa porte. Ah! s'ils espèrent trouver en moi un mari complaisant, ils s'abusent, ils se trompent. Ils ne savent pas ce qu'il y a de violence au fond de ce cœur outragé. Oui, je le chasserai; oui, je l'enfermerai : malheur à lui! malheur à elle!

Puis, s'arrêtant tout à coup, il se jeta dans un fauteuil, cacha sa tête entre ses mains, fondit en larmes et éclata en sanglots. La réflexion le calma. Édith était aussi chaste que belle; le congé de Frédéric était près d'expirer, son régiment s'éloignerait d'Hildesheim. Le neuvième mois s'achevait; dans quelques jours ils retourneraient à Munich, près de Spiegel.

Dès lors Frantz s'occupa des préparatifs de son départ. Il prit tous les comptes de son intendant, de ses fermiers, et vérifia par lui-même le chiffre de ses dépenses et de ses revenus. Quoique Muller eût prévu depuis longtemps que la première année de son séjour à Hildesheim serait nécessairement très-onéreuse, il ne put cependant se défendre d'un mouvement de surprise et d'effroi en voyant le résultat de cette double vérification. Après l'apurement de tous ses comptes, il lui restait mille florins. Depuis son arrivée au château, il avait toujours vécu presque aussi modestement qu'à Munich : le capital constitué au profit d'Isaac Bildmann, les pensions payées au major, à Frédéric, aux demoiselles de Stolzenfels, les réparations faites au château, le monument élevé à la mémoire du comte Sigismond, représentait à peine la moitié des dépenses; tout le reste avait été dévoré en frais de justice et de succession. De toute cette richesse, Muller n'emporterait qu'un millier de florins, de quoi faire son voyage. Il fit appeler maître Wolfgang, et lui défendit de la façon la plus formelle d'entamer en son absence aucun nouveau procès. Vainement maître Wolfgang remit sur le tapis cette fameuse demande reconventionnelle dont il attendait merveille, Muller ne voulut rien entendre et se montra inexorable.

XIX

La veille du jour fixé pour le départ, tandis que Muller donnait à Wurm ses derniers ordres pour les travaux à exécuter pendant son absence, Édith était descendue au parc, et se promenait seule et rêveuse. Elle se réjouissait de retourner à Munich, de revoir sa petite maison, de retrouver l'amitié de Spiegel, et pourtant elle ne songeait pas sans regret à l'heure du départ. Elle interrogeait son cœur, et son cœur, confus et troublé, ne répondait pas. C'était le soir : de rares lumières brillaient aux vitres du château ; les allées du parc étaient sombres et désertes ; le rossignol chantait à plein gosier sous la feuillée ; l'air était imprégné de parfums enivrants, et la jeune femme s'abandonnait sans défiance au charme de sa rêverie. Au fond d'une avenue, à la place même où ils s'étaient vus pour la première fois, elle rencontra Frédéric.

— Vous partez, madame, vous partez demain! dit Frédéric d'une voix émue; c'est demain que vous retournez à Munich, et vous ne reviendrez pas avant trois mois! Dans trois mois je ne serai plus ici, et mon régiment sera peut-être à cent lieues d'Hildesheim. Loin de vous, que vais-je devenir? Je m'étais fait de votre présence une si douce habitude! Je vous chercherai partout, je sens que vous emportez avec vous ma vie tout entière!

— Si je prenais au sérieux toutes vos paroles, vous me donneriez de la vanité, répondit Édith embarrassée et s'efforçant de paraître indifférente. Vous penserez quelquefois à nous, à nos entretiens, à nos promenades; croyez bien que de notre côté nous ne les oublierons pas. Soyez sûr aussi que le temps adoucira vos regrets; vous comprendrez bientôt que nous tenons dans votre existence une place beaucoup moins grande que vous ne semblez le croire à cette heure.

— Mes regrets, madame, seraient éternels si je ne devais plus vous revoir, car j'ai passé près de vous les meilleurs, les plus beaux jours de ma jeunesse.

— C'est à nous, monsieur, reprit Édith de plus en plus troublée, de vous remercier de votre affection, de votre dévouement. Nous ne nous rappellerons jamais sans un sentiment de profonde reconnaissance avec quel empressement vous avez pris notre parti dans toutes nos contestations avec vos tantes, avec le major. Vous étiez seul ici à nous aimer, et nous ne l'oublierons pas.

— C'est pour moi, madame, pour moi seul, que la reconnaissance est un devoir. Si vous saviez quelle était ma vie avant de vous connaître ! si vous saviez quel changement s'est opéré en moi depuis que je vous ai vue !

— Ne voudriez-vous pas, répondit la jeune femme en souriant, me faire croire que j'ai accompli un miracle ?

— Vous raillez, madame, et pourtant vous dites vrai. C'est bien un miracle, en effet, que vous avez accompli sans le savoir, sans le vouloir, sans vous en douter. Depuis que je vous ai vue, je ne me reconnais plus.

— Quelle était donc la vie que vous meniez avant de m'avoir vue ? repartit avec une gaieté forcée Édith, qui essayait vainement de changer le cours de l'entretien.

— Oh! madame, une vie affreuse. Je n'y pense pas sans un sentiment d'épouvante.

— Et c'est moi, moi qui, sans vous gronder, vous ai corrigé? Vraiment, je ne me savais pas si habile!

— Aviez-vous besoin de me gronder pour me corriger? Pour devenir meilleur, pour sortir de l'abîme où j'étais tombé, pour apprendre à aimer toutes les choses bonnes et saintes, ne suffisait-il pas de vous voir et de vous entendre? Je vous voyais, je vous écoutais; chaque jour, à toute heure, je pouvais lire dans votre cœur. Quelles réprimandes plus sévères pouviez-vous m'adresser? Quelle leçon plus éloquente pouviez-vous me donner? Vous ne savez pas, vous ne pouvez pas savoir comment j'ai vécu jusqu'au jour où Dieu vous a envoyée sur mon chemin. Je vous le dirais que vous ne pourriez le comprendre. Vous m'êtes apparue comme un ange sur le seuil de l'enfer, et dès lors, en moi, autour de moi, tout a été changé comme par enchantement. J'ignorais l'amour, vous me l'avez révélé; je n'avais jamais aimé, et je vous aime!

Édith, effrayée, voulait se retirer; Frédéric la retint avec l'autorité, avec l'ascendant que donne toute passion sincère.

— Vous m'entendrez, madame, poursuivit-il; vous devez m'entendre. Vous partez demain : qui sait quand je vous reverrai ? Je vous aime; n'ai-je pas acheté par des mois de silence le droit de vous le dire ? Je vous aime, vous avez rajeuni, renouvelé mon cœur. Laissez-moi vous parler, laissez-moi vous bénir pour tout le bien que vous m'avez fait. Vous m'avez entr'ouvert le ciel, vous avez frayé à mes pas des sentiers embaumés. Avant de vous connaître, j'étais indigne de vous : vous m'avez regardé, et je me suis élevé jusqu'à vous. Charme tout-puissant de la chaste et pure beauté ! Je vous aime, et vous aimer suffit à mon bonheur : je ne demande rien de plus. Pourquoi trembler? pourquoi vous alarmer de cet aveu? Ne partez-vous pas ? n'est-ce pas l'heure des adieux? qu'y a-t-il d'offensant pour vous dans les paroles que je vous dis? Vous reviendrez : dites, ah ! dites-moi que vous me permettrez de revenir aussi : je ne demande qu'à vous voir, à vous admirer en silence. Jamais vous ne surprendrez dans mes yeux un regard qui puisse vous effaroucher, sur mes lèvres un mot qui puisse troubler la sérénité de vos jours; mais je vous verrai, mais je vous entendrai, et je serai heureux, et je vous bénirai, et vous, madame, qui avez sauvé mon âme, vous jouirez en paix de votre œuvre et me souffrirez près de vous sans colère.

Plus pâle que la lune qui montait sur la cime des peupliers, plus tremblante que les feuilles qu'agitait la brise du soir, Édith essayait vainement de retirer ses mains des mains de Frédéric. Enfin, par un suprême effort, elle réussit à se dégager de cette étreinte passionnée, et, pour toute réponse, elle s'enfuit comme une gazelle qui emporte à son flanc le trait du chasseur.

XX

Le voyage d'Hildesheim à Munich ne ressemblait guère au voyage de Munich à Hildesheim.

Neuf mois auparavant, Édith et Muller partaient le cœur joyeux, l'esprit léger, pleins de foi dans l'avenir, de gratitude pour le bienfaiteur inespéré qui leur avait donné la richesse; ils se promettaient de beaux jours, ils rêvaient pour leurs enfants toutes les joies de l'orgueil, et maintenant qu'étaient devenus tous ces rêves, tous ces projets, toutes ces espérances?

Édith et Muller, n'osant se confier les sentiments qui les agitaient, gardaient un silence prudent et veillaient même sur leurs regards, tant ils craignaient de laisser deviner leurs secrètes pensées. La campagne était dans sa magnificence, la nature rajeunie souriait et invitait à la joie ; mais toutes les beautés du paysage étaient perdues pour Muller, la splendeur du printemps ne disait rien à son cœur attristé. Franz voyait partout le spectre hideux de maître Wolfgang se dresser devant lui, il entendait sa voix nasillarde et ses conseils insidieux. Vainement les plus riches vallées s'ouvraient devant lui, vainement les vergers, disposés en amphithéâtre sur les collines, se paraient de verdure et de fleurs, Franz demeurait absorbé tout entier dans le souvenir d'Hildesheim.

Édith, de son côté, n'était ni moins préoccupée ni moins inquiète. Elle n'avait pas entendu sans une profonde émotion l'aveu de la passion qu'elle avait inspirée. Elle s'interrogeait avec effroi et se demandait si elle n'avait pas encouragé cet aveu par quelque mot imprudent, par quelque signe d'affection trop familier. Elle avait beau consulter sa mémoire, elle ne découvrait rien qui lui donnât le droit de s'accuser elle-même. Alors elle essayait de reporter toute sa sévérité, toute sa colère sur Frédéric ; mais les paroles brûlantes qu'il avait prononcées la veille du départ trouvaient dans le cœur d'Édith un écho trop indulgent pour être condamnées. Édith se sentait troublée, et, forcée de renfermer en elle-même les doutes, les inquiétudes de sa conscience, elle trouvait dans la contrainte même qu'elle s'imposait un nouveau tourment. Muller l'observait avec une attention défiante. Il apercevait dans la tristesse, dans le silence obstiné de sa femme, un regret coupable qui s'adressait à Frédéric. Il s'encourageait dans cette croyance pour excuser à ses propres yeux la jalousie qui le dévorait et n'osait pourtant questionner Édith, craignant de changer ses soupçons en certitude. Les enfants seuls se réjouissaient à la pensée de revoir Spiegel et de jouer avec leur bon ami.

Vers le soir du troisième jour, les clochers de Munich commencèrent à se dessiner dans la brume. Sans les questions d'Hermann et de Marguerite, qui voulaient savoir à chaque instant si l'on arriverait bientôt, Édith et Muller n'auraient pas trouvé l'occasion de placer une parole. Enfin, le postillon, en franchissant la porte de la ville, fit claquer son fouet et sonna une fanfare. En se retrouvant dans les murs de cette ville où ils s'étaient si tendrement aimés, Édith et Muller eurent un instant la pensée d'échanger dans l'ombre un serrement de main : Muller fut retenu par la jalousie; il craignait, en cherchant la main d'Édith, de manquer à sa propre dignité; Édith se demandait avec effroi si elle n'était pas déjà trop coupable pour se permettre cette marque silencieuse d'affection. A peine la chaise de poste venait-elle de s'arrêter devant la porte de la maison, que Spiegel s'élança à la portière. Ému jusqu'au fond de l'âme, il les étreignit dans ses bras et les confondit dans ses embrassements. Réunis sur son cœur, Édith et Muller oublièrent en un instant le trouble intérieur qui avait scellé leurs lèvres pendant tout le voyage, et se sentirent, comme par enchantement, rajeunis et régénérés.

Précédés des enfants, qui bondissaient, suivis de Spiegel, qui les contemplait avec joie, Édith et Muller entrèrent dans leur appartement. Rien n'était changé : en s'asseyant sur ce divan à demi usé, témoin pendant si longtemps de leurs paisibles entretiens, de leurs modestes projets, il leur semblait qu'ils n'avaient jamais quitté Munich et que leur séjour à Hildesheim n'était qu'un rêve. Les questions se pressaient, se croisaient sur les lèvres des trois amis. Muller, interrogé par Spiegel, se gardait bien de lui dire toute la vérité ; quant à Édith, si elle se taisait sur les sentiments secrets de son cœur, elle se dédommageait avec usure en faisant à Spiegel le portrait des Dildmann et des Stolzenfels. Elle oubliait à dessein le portrait de Frédéric, dont elle avait plus d'une fois parlé dans ses lettres ; mais elle était sans pitié pour le major, pour sa femme et pour les vieilles demoiselles. En crayonnant ces caricatures, elle retrouva toute sa gaieté. Hermann joignit à cette amusante galerie le portrait d'Isaac Bildmann. Muller lui-même riait de bon cœur et tout à son aise de ces figures grimaçantes qu'il n'avait jamais rencontrées à Hildesheim sans dégoût ou sans colère. L'éloignement, la perspective, donnaient à toutes ces physionomies maussades une expression comique, un air plaisant que Muller s'étonnait de saisir pour la première fois. Malgré la fatigue du voyage, l'entretien se prolongea, et deux heures sonnaient à l'horloge voisine quand Muller et Spiegel songèrent à la retraite. En entrant dans leur petite chambre, où rien non plus n'était changé, Édith et Muller se jetèrent dans les bras l'un de l'autre ; les plus éloquentes paroles auraient traduit bien imparfaitement ce qui se passait au fond de ces deux cœurs : Muller avait oublié sa jalousie, Édith ne pensait plus à Frédéric, et ils s'endormirent d'un sommeil paisible, ne rêvant qu'au bonheur qu'ils avaient connu si longtemps à Munich.

Le lendemain, ils furent réveillés par les cris joyeux des enfants. Le déjeuner avait été servi par les ordres de Spiegel. Ils se réunirent comme autrefois à la même table. Spiegel attachait sur Édith et sur Muller un regard curieux.

— Sans doute, leur dit-il, ce repas vous paraît bien modeste et bien frugal. Il faudra pourtant vous en contenter pendant trois mois. Dans trois mois, vous redeviendrez seigneurs châtelains, et vous retrouverez avec une joie toute nouvelle la pompe et les splendeurs d'Hildesheim. Maintenant vous êtes à Munich, vous devez vous résigner à votre vie d'autrefois.

Le déjeuner fut gai. Spiegel raconta tous les petits événements qui s'étaient accomplis à Munich depuis neuf mois; au bout de quelques instants, Édith et Muller étaient au courant de toutes choses, comme si leur absence n'eût duré qu'une semaine. Après le repas, Spiegel leur fit les honneurs de sa maison et leur montra toutes les améliorations qu'il avait réalisées.

Il avait élevé un second étage, divisé en deux grandes pièces. De l'une des deux il avait fait son atelier, où il exécutait enfin les projets conçus et caressés pendant si longtemps; dans l'autre, il avait placé ses élèves, car il ne donnait plus de leçons en ville, et ce changement avait doublé pour lui la durée des journées. Ses tableaux, à peine ébauchés, étaient retenus d'avance, et pourtant il ne se pressait pas de les achever. Il voulait se contenter lui-même avant de livrer son œuvre au jugement du public. N'étant pas assez riche pour se passer du travail, n'étant plus assez pauvre pour que le travail fût une nécessité impérieuse, il profitait sagement de cette condition excellente, si difficile à rencontrer. Il peignait à ses heures, et recommençait à loisir tout ce qu'il n'avait pas fait à son gré. Ses élèves, déjà nombreux, suffisaient à ses besoins, et l'art était pour lui ce qu'il devrait toujours être, le luxe de la vie.

Il conduisit Édith et Muller dans son atelier. Les murailles étaient garnies de fragments antiques mêlés aux œuvres les plus délicates de la renaissance. Sur un chevalet était étendue une toile où Spiegel avait ébauché la victoire d'Arminius sur les légions romaines. Déjà quelques parties de cette vaste composition étaient achevées, et montraient tout ce qu'on pouvait attendre de Spiegel. Édith admirait en silence, écoutant d'une oreille avide le récit de l'épisode héroïque. Muller promenait autour de lui ses yeux étonnés.

— Il faut, dit-il enfin à Spiegel, que tu aies fait un héritage ?

— Pourtant, dit Spiegel, personne ne m'a rien laissé; je n'ai pas encore rencontré de comte Sigismond, et je n'espère pas trouver mon nom dans le testament d'un Mécène généreux. J'ai vendu quelques tableaux ébauchés depuis longtemps et qui formaient l'unique décoration de mon atelier. Mon travail est mon unique héritage, ma seule richesse, et, Dieu aidant, je n'en souhaiterai jamais d'autre.

Ces dernières paroles furent pour le cœur de Muller une blessure cuisante. Ceux qui ont cultivé l'art avec ardeur, et qui plus tard l'ont abandonné, ne peuvent contempler sans honte et sans remords le travail persévérant et couronné par la renommée; l'opulence la plus éclatante, la plus enviée, ne peut se consoler de l'inaction et de l'obscurité. Muller l'éprouvait en ce moment et regardait d'un œil jaloux l'œuvre ébauché de Spiegel. Ce sentiment devint encore plus douloureux quand il lut le nom de son ami dans un journal qui discutait les mérites et les défauts de son dernier ouvrage. La gravité, la pénétration avec laquelle l'intention de l'auteur était analysée, contrôlée, appréciée, relevait singulièrement l'importance du tableau. Ainsi donc le public ne s'occupait pas seulement de ce que Spiegel avait fait, il voulait deviner, il voulait savoir tous les secrets de sa volonté; Spiegel avait désormais conquis un rang glorieux et ne le devait qu'à son travail. Il était fils de ses œuvres; tous les yeux s'attachaient sur lui. Muller fit un retour sur lui-même, et compara tristement la vie oisive et inutile qu'il avait menée depuis neuf mois à cette vie laborieuse et féconde.

Cependant Muller aurait dû jouir avec délices, avec enivrement, de la vie calme et paisible qu'il avait retrouvée à Munich. A peine éveillé, voulait-il descendre au jardin, il ne trouvait pas devant lui un large espace, une perspective indéfinie; mais il était sûr au moins de ne pas rencontrer le profil sec et hautain des demoiselles de Stolzenfels ou la physionomie impertinente du major Bildmann. Si Hermann et Marguerite voulaient s'ébattre sur la pelouse, ils n'avaient pas à redouter l'humeur querelleuse d'Isaac. Si Muller rentrait chez lui après une absence de quelques heures, il trouvait près d'Édith son fidèle ami Spiegel, dont l'affection sérieuse et dévouée ne lui inspirait aucune inquiétude. S'il franchissait les portes de la ville, s'il allait promener sa rêverie dans la plaine ou sur la colline, il n'apercevait sur sa route que des visages bienveillants. Il pouvait marcher pendant toute la matinée sans jamais surprendre dans le regard ou le sourire d'un paysan l'expression ironique ou méchante qui avait été pour lui un supplice de tous les instants pendant son séjour à Hildesheim. Rentré chez lui, il partageait librement son temps entre l'étude et la causerie. Le soir venu, il réunissait autour de lui quelques amis que son opulence inattendue n'avait pas éloignés, dont la nature généreuse et loyale ne s'était pas laissé égarer par l'envie. Enfin, quand l'heure du repos avait sonné, le bonheur de sa journée se continuait dans ses rêves. Retiré dans sa petite chambre, où il avait goûté pendant tant d'années un sommeil paisible, Muller voyait passer devant lui les plus belles, les plus poétiques années de sa jeunesse. Quand il se réveillait, craignant d'être abusé par une illusion, il ouvrait d'une main empressée les rideaux de son alcôve pour s'assurer qu'il n'était plus à Hildesheim. En achevant son déjeuner, il n'avait pas à craindre la visite de maître Wolfgang. Ainsi, à tous les moments de la journée, il sentait qu'il venait de quitter l'enfer et d'entrer dans le paradis.

Et pourtant, malgré la douceur et la sérénité dont se composait sa vie, il n'était pas heureux, ou plutôt il ne jouissait pas de son bonheur. Il ne trouvait pas, en lui-même, la force d'apprécier dignement la vie calme qui lui était rendue et qu'il croyait perdue sans retour. Souvent un ver se cache au cœur des plus beaux fruits, une pensée douloureuse suffit pour gâter les plus belles journées. Muller se disait que cette vie si calme et si paisible finirait dans trois mois ; que dans trois mois il retrouverait les tracas et les soucis dont le souvenir s'était d'abord effacé de son esprit comme un rêve. Et si, obéissant à la voix de la raison, il songeait un instant à ne plus quitter Munich, il se demandait comment il pourrait accomplir cette résolution sans être à charge à Spiegel. Ses élèves l'avaient oublié, et d'ailleurs, s'ils revenaient à lui, aurait-il le courage de recommencer sa vie laborieuse d'autrefois ? Dans l'opulence et l'oisiveté, il ne voyait qu'ennui et dégoût, et la pauvreté studieuse lui semblait désormais interdite.

Plus d'une fois Spiegel avait surpris dans les réponses embarrassées de Muller une partie de son secret. Quand il l'interrogeait sur les hôtes d'Hildesheim, sur le major Bildmann, sur les demoiselles de Stolzenfels, sur les métayers du domaine, sur la noblesse des environs, sur les fêtes où Édith avait dû éblouir tous les yeux, il trouvait dans le langage de son ami quelque chose de contraint qui s'accordait mal avec une intimité de dix ans. Spiegel connaissait mal le monde et n'eût pas fait dans un salon une brillante figure; mais il avait beaucoup réfléchi, et savait interpréter la parole et le silence aussi finement qu'aurait pu le faire le diplomate le plus rusé. Dans ce que Muller disait, dans ce qu'il ne disait pas, il n'eut donc pas de peine à deviner la vérité. Muller allait dans quelques semaines retourner à Hildesheim et reprendre le fardeau de son opulence, et pourtant, au fond de son cœur, il regretterait Munich. Pour le décider à reprendre son ancienne vie, sa vie de bonheur et d'étude, que fallait-il ? Lui montrer la gloire, légitime récompense du travail et du talent.

Spiegel n'avait pas deviné avec moins de pénétration ce qui se passait dans le cœur d'Édith. L'embarras, les réponses laconiques de la jeune femme, son empressement à détourner la conversation chaque fois qu'il lui parlait de Frédéric, disaient assez que, malgré sa pureté, dont il ne doutait pas, elle n'était pas sans inquiétude sur la nature de son affection pour le jeune officier. Édith, en effet, ne songeait qu'en tremblant au jour où elle le reverrait. Elle aimait son mari et ne croyait pas aimer Frédéric, et pourtant elle sentait au fond de son cœur qu'elle ne pourrait le revoir sans danger. Quoiqu'elle n'eût rien à se reprocher, quoiqu'elle n'eût prononcé aucune parole imprudente, elle ne pensait jamais sans rougir à la soirée des adieux. Pour rendre le repos à cette âme troublée, il fallait retenir Franz à Munich.

Depuis quelques jours on parlait d'une symphonie mystérieuse dont l'exécution était prochaine. Il s'agissait, disait-on, d'un manuscrit de vieux maître; ce manuscrit avait été vendu par ses héritiers, qui sans doute n'en connaissaient pas la valeur. La nouvelle en vint jusqu'aux oreilles de Muller; ce fut pour lui un nouveau remords.

— Eh bien, dit-il un jour à Spiegel, il paraît que nous allons entendre un chef-d'œuvre inconnu. Il s'agit, dit-on, d'un manuscrit de vieux maître, découvert par je ne sais quel dénicheur d'antiquailles. Je gagerais qu'on prépare au public de Munich une éclatante mystification. Sans doute cette symphonie se composera de lambeaux pillés effrontément et cousus ensemble par quelque charlatan.

— Là-dessus, je n'en sais pas plus que toi, répondit Spiegel. Dans trois jours, nous entendrons le chef-d'œuvre inconnu, et nous saurons à quoi nous en tenir.

— Eh bien, reprit Muller, nous irons l'entendre ensemble, et nous emmènerons Édith.

Le jour fixé pour l'exécution de la symphonie était précisément le jour où Muller devait repartir pour

Hildesheim. Le concert était annoncé pour midi; Muller consentit à retarder son départ jusqu'au soir.

L'assemblée était nombreuse. Spiegel conduisit ses amis dans une de ces loges excellentes pour un musicien, détestables pour une femme qui veut se montrer, d'où l'on peut tout entendre sans être vu. La curiosité était peinte sur tous les visages. Avant l'arrivée du chef d'orchestre, on entendait de toutes parts le bruit des questions qui se croisaient. Enfin, le chef d'orchestre parut et frappa de son archet le pupitre où se trouvait la partition.

La première partie, l'andante, était simple et majestueuse tout à la fois. Les instruments de cuivre, employés avec sobriété, laissaient aux violons, aux basses et aux contre-basses le soin d'expliquer sans fracas la pensée de l'auteur. Dès les premières mesures, l'auditoire se sentit captivé. Muller, ravi en extase, croyait rêver, et, craignant d'être abusé par ses souvenirs, regardait tour à tour Édith et Spiegel sans oser parler. Édith elle-même n'était pas moins étonnée, car elle avait reconnu la symphonie écrite autrefois par Franz, quelques mois après leur mariage. Spiegel les contemplait en souriant et jouissait de leur surprise.

L'adagio, empreint d'une mélancolie pénétrante, transportait la pensée au milieu des plus fraîches vallées, la flûte et le hautbois entamaient ensemble un dialogue champêtre, continué habilement par les cors et les violons. A la fin de cette seconde partie, un tonnerre d'applaudissements éclata, et, pendant plus d'un quart d'heure, l'orchestre fut obligé de faire silence. Muller pleurait et n'osait parler. Edith aussi avait le visage baigné de larmes. A ces accents si vrais, si passionnés, tous deux sentaient leur amour se réveiller, jeune et ardent comme aux premiers jours. Il s'opérait à leur insu au fond de leur cœur une réconciliation silencieuse : Muller se reprochait d'avoir négligé sa femme pour de misérables intérêts; Édith s'accusait de n'avoir pas deviné, de n'avoir pas pressenti le génie de son mari.

Le scherzo, plein d'une gaieté mordante, exprimait à merveille tous les épisodes d'une fête villageoise : la malice et l'amour éclataient tour à tour. Les applaudissements recommencèrent, plus nourris, plus bruyants. Muller étreignait en silence la main de Spiegel et regardait Édith avec orgueil. L'auditoire frémissait d'impatience; enfin la quatrième et dernière partie commença. Le finale résumait avec une verve abondante, intarissable, les principaux motifs développés dans les trois premières parties. Toutes les richesses de l'orchestre, combinées habilement, accumulées avec profusion, ne laissaient pas au public le temps de respirer; l'auditoire allait de surprise en surprise. Quand l'orchestre eut achevé les dernières mesures, on eût dit que la salle ébranlée allait crouler sous les applaudissements. Muller se jeta au cou d'Édith et la couvrit de baisers. Pendant les dernières mesures, Spiegel avait disparu et révélé le nom de l'auteur. L'auditoire ne quittait pas la salle, chacun demeurait à sa place; le chef d'orchestre s'avança au bord de la scène, et, après avoir salué l'auditoire, lui livra le nom de Franz Muller. Les applaudissements recommencèrent, mêlés aux vivats les plus enthousiastes.

Je n'essayerai pas de peindre l'ivresse de Franz. Spiegel revint au bout de quelques instants, et le ramena chez lui au milieu de la foule, qui les suivit jusqu'à la porte.

— Eh bien! dit Spiegel à peine entré, que dis-tu de la musique de ce vieux maître? Que penses-tu de ces lambeaux cousus par un charlatan?

— Après le jour où Édith m'a donné sa main, s'écria Muller, c'est le plus beau jour de ma vie!

— J'espère maintenant, reprit Spiegel, que rien ne

manque plus à ton bonheur? Tu avais toutes les joies de la famille, et ton cœur soupirait après la gloire. Aujourd'hui la gloire est venue, et votre mutuel amour dure encore. Que peux-tu souhaiter?

— Ah! s'écria Muller, je serais ingrat si j'osais former un vœu de plus.

En ce moment, une chaise de poste s'arrêta brusquement devant la maison. Les serviteurs, avertis dès le matin, se hâtèrent de placer derrière la chaise les malles de Muller. Spiegel avait tout entendu et contemplait avec une curiosité inquiète Franz, dont le visage était baigné de larmes. Déjà les postillons étaient en selle, et Muller demeurait immobile. Un serviteur entra pour annoncer que tout était prêt; les chevaux piaffaient et agitaient leurs grelots.

— M'aimes-tu comme autrefois? dit Muller se tournant vers Édith. Pourrais-tu, comme autrefois, partager avec moi une pauvreté laborieuse? Renoncerais-tu sans regret à l'opulence que le ciel nous a envoyée? Une vie modeste et simple suffirait-elle à tes désirs?

Édith ne répondit qu'en l'embrassant : elle se sentait sauvée.

— Allons, dit Spiegel, n'entends-tu pas les postillons qui sont en selle? Voici l'heure de partir.

— Partir ! s'écria Muller : pourquoi partir ! Le bonheur n'est-il pas ici, entre vous deux ? Qu'on détèle les chevaux, nous sommes arrivés.

Le lendemain matin, Muller écrivait à maître Gottlieb :

« Vous aviez raison, mon cher monsieur, de me vanter la vie patriarcale d'Hildesheim et les mœurs toutes bibliques des hôtes appelés à partager avec moi ce séjour enchanté. Toutes les vertus ont trouvé dans ce beau domaine un asile inviolable et sacré. L'esprit fin et la grâce attique des demoiselles de Stolzenfels, la caractère loyal et franc du major Bildmann, la mine fière et majestueuse de madame Dorothée, l'espièglerie joyeuse du petit Isaac, composent un tableau charmant, digne du génie de Gessner. C'est une idylle vivante qui nous reporte aux plus fraîches inspirations de Théocrite et de Virgile. Depuis neuf mois je m'interroge, depuis neuf mois je me demande si je suis vraiment digne de vivre au milieu de ces mœurs de l'âge d'or. La générosité du comte Sigismond ne m'aveugle pas : je renonce au château et au domaine d'Hildesheim. Entre quelles mains la richesse pourrait-elle être plus dignement placée qu'entre les mains du major Bildmann et des demoiselles de Stolzenfels ?

UN HÉRITAGE.

» Soyez assez bon, mon cher monsieur, pour leur annoncer ma résolution. Aux termes du testament, je devais habiter le château d'Hildesheim pendant neuf mois de l'année : je reste à Munich et perds ainsi tous mes droits.

» Franz Muller. »

A peine le major Bildmann et les demoiselles de Stolzenfels eurent-ils appris par maître Gottlieb la renonciation de Muller, qu'ils entamèrent pour la possession du château et du domaine d'Hildesheim un magnifique procès, un des plus beaux dont maître Wolfgang ait gardé le souvenir. Le procès dura dix ans. Le major Bildmann et Dorothée moururent à la peine. Le petit Isaac, chez qui la gourmandise avait développé l'instinct du vol, tomba du haut d'un mur qu'il venait d'escalader pour dérober des fruits; quand on le releva, il ne donnait plus signe de vie. Restées seules maîtresses du terrain, les demoiselles de Stolzenfels ne jouirent pas longtemps de leur victoire; Frédéric, furieux de la perte d'Édith, dont il se flattait d'avoir blessé le cœur mortellement, accusant de la fuite de Muller l'humeur acariâtre et tracassière de ses tantes, vengea sa défaite en redoublant ses folles dépenses.

Trois ans après, le domaine d'Hildesheim, déjà cruellement ébréché par les frais de procédure, fut mis en vente pour payer les dettes de Frédéric, et les demoiselles de Stolzenfels moururent dans l'abandon et la pauvreté.

FIN

ÉMILE COLIN. — IMPRIMERIE DE LAGNY